Michel Rochon

Das Gehirn und die Musik –
Eine faszinierende Odyssee durch
Kunst und Wissenschaft

Originaltitel: *Le cerveau et la musique*,
Mulitmondes, 2019
Autor:in: Michel Rochon
2. Auflage

Übersetzung: Jennifer Dummer
Lektorat: Patrick Schär, torat.ch
Korrektorat: Kristina Wengorz, torat.ch
Titelbild, Gestaltung und Satz: Anneka Beatty
Druck: Beltz Grafische Betriebe
ISBN 978-3-905574-36-4

Verlag
Kommode Verlag
Stampfenbachstrasse 32, CH-8006 Zürich
+41 79 246 59 14
produktsicherheit@kommode-verlag.ch
www.kommode-verlag.ch/produktsicherheit

Produktsicherheit
Verantwortliche Person gemäss EU-Verordnung
2023/988 (GPSR):
GVA Gemeinsame Verlagsauslieferung
Göttingen GmbH Co. KG
Postfach 2021, D-37010 Göttingen
+49 551 384 200 0
info@gva-verlage.de

Die Veröffentlichung dieses Werkes wurde
durch die finanzielle Unterstützung der SODEC,
Quebec (www.sodec.gouv.qc.ca) ermöglicht.

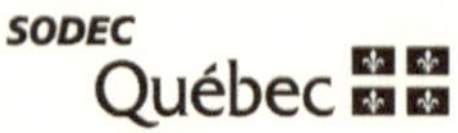

Michel Rochon

Das Gehirn und die Musik – Eine faszinierende Odyssee durch Kunst und Wissenschaft

Aus dem Québecfranzösischen von
Jennifer Dummer

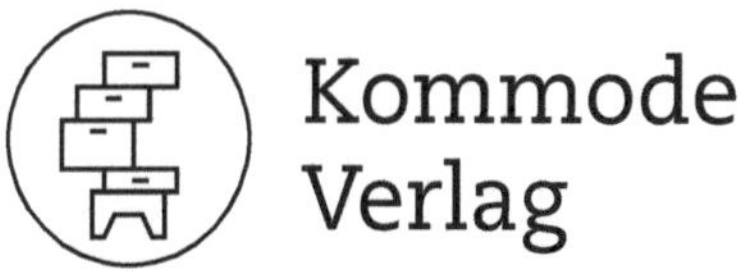

Für Claire,
meine Lebensgefährtin, Muse und
Quelle der Inspiration …

Inhaltsverzeichnis

Vorwort	9
Stille im Universum	13
Hirnnahrung	21
Der Sound der Erde	23
Hirnnahrung	34
Die Entstehung von Sprache und Musik	35
Hirnnahrung	47
Was ist eigentlich Musik?	49
Hirnnahrung	58
Wie entschlüsselt das Gehirn Musik?	59
Hirnnahrung	72
Unser Gehirn, wenn wir Musik spielen	73
Hirnnahrung	87
Chaos in der Musik	89
Hirnnahrung	99
Musik und Medizin: schon immer!	101
Hirnnahrung	112
Musiktherapie: eine sich öffnende Tür	113
Hirnnahrung	127
Musik in unseren Genen	129
Hirnnahrung	137
Tiere und Musik	139
Hirnnahrung	147
Die Zukunft des »musikalischen Gehirns«: vom Cyborg bis zur Künstlichen Intelligenz	149
Hirnnahrung	161

Epilog: eine unvollendete Sinfonie 163
Schlussbetrachtung: die eigene Musik leben 169

Danksagung des Autors 171
Danksagung der Übersetzerin 172

Bibliografie 173
Bilder 177
Endnoten 189

Vorwort

Vor uns liegt vom Big Bang über die Epigenetik bis hin zum Cyborg ein wissenschaftliches und medizinisches Abenteuer durch die faszinierende Welt der Musik. Ein anspruchsvolles Thema, dem ich mich mit der Hilfe von außergewöhnlichen Menschen genähert und das ich versucht habe, in möglichst einfachen Worten darzustellen.

Unser täglicher Konsum von Musik lässt sie zu einer Selbstverständlichkeit werden. Doch wir alle sind von dieser berauschenden, sanften Droge, die auf so viele Arten auf uns wirkt, nahezu abhängig.

In meinem Buch zeige ich, wie eng Kunst und Wissenschaft von Anfang an miteinander verbunden sind. Als ich daran schrieb, wurde mir klar, dass uns die Wissenschaft immer wieder zeigt, dass die Musik Teil der Kultur ist. Doch in unserer Gesellschaft wird sie oftmals nur unzureichend geschätzt.

Das Licht, das die Wissenschaft auf das Aufkommen der Musik wirft, auf ihre Wirkung auf uns Menschen, ihre physikalische Beschaffenheit und ihre Weiterentwicklung, zeigt, dass sie eine wichtige Rolle in unserer Kultur spielt.

Wir werden erfahren, was im Gehirn geschieht, wenn wir Musik wahrnehmen oder selbst machen. Mit diesem Wissen erweist sich der Blick auf die derzeitige musikalische Revolution als aufschlussreich. Es hilft, besser zu verstehen, wie Künstliche Intelligenz in die Welt der Musik Einzug hält und wie Forschende Musiktherapien präziser gestalten können.

Im Buch komme ich immer wieder auf die Harmonie der Sphären zurück. In diesem philosophischen Konzept fügen sich die einzelnen Puzzleteile aneinander. Harmonie ist in der Musik genauso zu finden wie im menschlichen Körper. Und ist es nicht die Aufgabe der Musik, unser Leben harmonischer zu machen?

Ich erzähle dieses große, sonore Klangbild anhand meines eigenen bisherigen Lebens, meines Lebens als Physiologe, als Musiker sowie als Wissenschafts- und Medizinjournalist, den die Rätsel der Musik schon immer interessierten. Warum hat Musik einen so starken Einfluss auf uns? Die Fortschritte in der Wissenschaft waren in den letzten Jahrzehnten gewaltig, sodass wir nun ein immer deutlicheres Bild davon haben, wie uns Musik in Schwingung versetzt.

Zudem untersuche ich, warum Musik schon so lange so viele Mediziner und Forscherinnen fasziniert und die Wissenschaft dazu veranlasst, sowohl die Rolle von harmonischen Klängen in der Evolution des Menschen besser verstehen zu wollen als auch ihre Wirkung auf unser Gehirn. Darüber hinaus wende ich mich dem zunehmenden Einsatz von Musik in der Behandlung von kranken Menschen zu.

Die deutschsprachige Ausgabe ist das Ergebnis einer sorgfältigen und wertvollen Arbeit der Übersetzerin Jennifer Dummer. Wir hatten während eines Übersetzungsaufenthalts in der Maison de la littérature von Québec (Stadt) die Gelegenheit, gemeinsam daran zu arbeiten. Unser Ziel war, Quellen und Referenzen anzupassen und eine Übersetzung zu gewährleisten, die meinen Bestrebungen als Autor so nah wie möglich kommt.

Bei diesem Buch lag die größte Herausforderung darin, das Thema für ein breites Publikum zugänglich zu machen. Dazu muss man unerbittlich sein und wie ein Künstler vorgehen, der zwischen Komplexität und übermäßiger Vereinfachung balanciert. So werden Forschende der Neurowissenschaften, Musiktherapeuten, praktizierende Ärztinnen oder Musikschaffende gewiss Details und Themen vermissen. Aber ich wollte die Musik sowie die Wissenschaft und ihre Erkenntnisse möglichst vielen Menschen zugänglich machen. Ich hoffe, dass mein Buch euch eine der schönsten Erfindungen des Menschen näherbringt.

Michel Rochon
Montréal, März 2018 & Québec, März 2024

STILLE IM UNIVERSUM

Nichts.

Dann, vor etwa 14 Milliarden Jahren, gab es einen heftigen Knall, und auf einmal war alles da: Energie, Raum, Zeit und Materie. Zumindest beschreibt es so die Big-Bang-Theorie. Das Erstaunlichste daran ist, dass die Entstehung unseres Universums – eines dermaßen komplexen Universums, dessen Entfaltung unser Verständnis übersteigt – in absoluter Stille geschah.

Ohne einen einzigen Ton.

In den nächsten Sekunden, Minuten, Stunden und Tagen drängte sich alles zusammen. Nach Hunderten Millionen Jahren entstanden die ersten Galaxien – gewaltige Geburten, die eine Unzahl von elektromagnetischen Wellen erzeugten. Doch noch immer keinen Ton. Denn: Schall entsteht, wenn sich in einem Gas oder einer Flüssigkeit der Druck verändert. In der interstellaren Leere herrscht dagegen Stille. Elektromagnetische Wellen – von der Mikrowelle bis zur Gammastrahlung –, die dort so schnell wie das Licht unterwegs sind, sind für unsere Ohren nicht zu vernehmen. Es dauerte noch sehr lange, weitere Hunderte Millionen Jahre, bis Planeten mit einer Atmosphäre und Wasser entstanden – und somit auch Schall.

Kontaktaufnahme durch Musik

Unsere Odyssee beginnt also mit einer grundlegenden Erkenntnis: Das Hören ist bei der Entstehung des Universums nicht mit von der Partie. Auf den folgenden Seiten reisen wir durch die Zeit, um das Wundervollste in diesem langen Prozess hervorzuheben, der schließlich zur Musik geführt hat, zu ihrer Entstehung, zu ihrer Wahrnehmung durch uns – bis hin zu ihrer Zukunft in einer sich wandelnden Welt.

Ich versuche eine einfache Definition: Die vom Menschen gemachte Musik ist eine Folge von organisiertem Schall, der sich durch die Luft bewegt. Aus kosmischer Sicht stellt sich an dieser Stelle die berechtigte Frage: Kann oder konnte Musik auch woanders als auf der Erde existieren?

Dies führt zur nächsten Frage: Gibt es im Universum weiteres Leben? Um darauf eine Antwort zu finden, reiste ich vor 25 Jahren nach New England, mitten in einen Wald. Am Fuße des alten, majestätischen Oak-Ridge-Observatoriums traf ich in einem kleinen Labor den Astrophysiker Paul Horowitz von der Harvard University, einen Enthusiasten und Pionier in der Erforschung außerirdischen Lebens. Zusammen mit seinem Freund Carl Sagan, einem Astrophysiker, Begründer der Exobiologie und populärwissenschaftlichen Autor, schloss er sich dem SETI-Projekt an, das nach außerirdischem Leben sucht. Sagan erlangte großen Ruhm mit seiner Fernsehserie *Unser Kosmos* und mit seinem Roman *Contact*, der in Hollywood unter gleichem Titel verfilmt wurde.

Horowitz horcht schon sein Leben lang in den Himmel, in der Hoffnung, irgendwann vielleicht eine Nachricht von einer anderen Zivilisation zu empfangen. Dieser joviale und redegewandte Mann verhalf mir zu einem besseren Verständnis seiner Arbeit. Während unseres Treffens erklärte er mir, dass Sagan und er zunächst den Gedanken verteidigt hätten,

Musik sei eine grundlegende Ausdrucksform der menschlichen Identität. Doch schließlich seien sie davon ausgegangen, dass Formen von entwickeltem außerirdischem Leben, sofern sie existieren, Musik längst erfunden hätten oder zumindest in der Lage wären, unsere Musik zu verstehen.

Unsere Musik hat das Sonnensystem verlassen

Aus diesem Grund befand sich an Bord der beiden Raumsonden Voyager 1 und Voyager 2, als sie 1977 von der Erde aufbrachen, je eine Schallplatte mit einer umfangreichen Musikauswahl. Die Sonden sollten die Planeten Jupiter, Saturn, Uranus und Neptun auf einer nie endenden Reise erforschen. Sie sollten das Sonnensystem verlassen wie eine Flaschenpost, die in den kosmischen Ozean geworfen wurde.

Neben Bildern von uns Menschen, Elementen unserer Wissenschaft und unseren Koordinaten im Universum sorgte Carl Sagan dafür, dass auf den goldenen Schallplatten auch eine Auswahl der bedeutendsten Musikstücke der Menschheit vertreten ist: vom Opfertanz aus *Le sacre du printemps* von Igor Strawinsky über traditionelle Musik der Kulturen aller Zivilisationen bis hin zu *Johnny B. Goode* von Chuck Berry. Eine klangliche Kostprobe dessen, wer wir sind.

Voyager 1 hat unser Sonnensystem im August 2012 verlassen, Voyager 2 im November 2018, und sie durchfliegen mit der musikalischen Botschaft an Bord den interstellaren Raum. Die Sonden sind noch funktionstüchtig, das heißt, sie senden noch immer Signale und sollten es bis 2025 auch weiterhin tun.

Die Wissenschaft gab Sagan und Horowitz allmählich recht. Zwar glauben viele Forschende nicht, dass UFOs außerirdischer Zivilisationen existieren, aber sie sind dennoch überzeugt davon, dass es im Universum Orte gibt, an denen Leben entstehen kann. Heute schätzen Astronominnen und Astronomen die Zahl von Exoplaneten – also von Planeten, die sich außerhalb unseres Sonnensystems entwickeln – im Universum auf 40 Milliarden ... Vielleicht gibt es genauso viele Sinfonien, die wir nie gehört haben und die wir leider nie hören werden, da sie zu weit von uns entfernt sind.

Die Musik des Kosmos hören

Auch wenn Astrophysiker und Astrophysikerinnen bisher kein Signal von einer außerirdischen Zivilisation empfangen haben, hatten mehrere von ihnen die Idee, elektromagnetische Wellen in Schall umzuwandeln. Was sie dabei entdeckten, faszinierte sie. Pulsare, Galaxien, Supernovas und Planetensysteme erzeugen Wellen, deren Strukturen seltsamerweise jenen der Musik ähneln.

Die Pionierin dieser Technik ist eine Frau mit einer berührenden Geschichte. Wanda Díaz-Merced kam vor über 40 Jahren in einer armen Familie in Puerto Rico auf die Welt. Als junges Mädchen träumte sie davon, Astronautin zu werden. Sie begeisterte sich für Astrophysik. Doch sie erkrankte an Diabetes, die zunehmend ihr Sehvermögen einschränkte, sodass sie mit 28, während ihres Studiums der Astrophysik, erblindete. Sie konnte die Sterne nicht mehr sehen und die Daten ihrer teleskopischen Beobachtungen nicht mehr lesen. Ihr Traum zerbrach.

Doch sie ließ sich nicht entmutigen. Sie nutzte ihre Behinderung, um neu zu definieren, wie Gestirne untersucht werden können. Als Expertin für Supernovas beschloss sie, die beobachteten elektromagnetischen Wellen bei diesen beeindruckenden Explosionen von Sternen in Schall umzuwandeln.

Was dabei herauskam, ist ziemlich ergreifend. Hier war kein Komponist am Werk, kein mit Instrumenten ausgestatteter Mensch, sondern ganz allein die Natur, die den Wellen offenbar eine Struktur verlieh, wie sie in der Musik zu finden ist.

Wie Díaz-Merced sagt, eröffnen ihr diese Tonanordnungen eine neue Perspektive auf Phänomene, die sie zuvor mit ihren Augen untersucht hat. Dank der klanglichen Darstellung dieser Phänomene kann sie hören, wie die Signale von Pulsaren in ihrer Intensität variieren. Als Beispiel nennt sie das 210 Lichtjahre (etwa 1986 Billionen Kilometer) entfernte Doppelsternsystem EX Hydrae. In den Schwingungen, die entstehen, wenn die beiden Sterne interagieren, hat sie Anomalien erkannt, die das bestehende Modell über das Verhalten der Sterne nicht vorhergesagt hatte.

Die Erblindung zwang sie dazu, Phänomene nicht mehr zu sehen – wie es in den meisten wissenschaftlichen Disziplinen gang und gäbe ist –, sondern sie zu hören. Somit ebnete sie mit ihrer Arbeit neuen Forschungsperspektiven den Weg.

Der Klang der Exoplaneten

Eine dieser Perspektiven entwickelte der Astrophysiker Matt Russo. Als Postdoc am Canadian Institute for Theoretical Astrophysics in Toronto entwarf er ein musikalisches Modell, um besser zu verstehen, wie Planetensysteme funktionieren.

Für System Sounds – so heißt sein Projekt – konzentrierte er sich auf das Planetensystem Trappist-1, das kürzlich in einer Entfernung von 39 Lichtjahren (gut 370 Billionen Kilometer) entdeckt wurde. Dieses System besteht aus sieben Planeten, die etwa so groß sind wie die Erde und von denen einige über Wasservorkommen verfügen könnten. Russo übertrug die Umlaufbahn der sieben Planeten in präzise Frequenzen und ihre Umlaufzeiten in ein zyklisches Schwingen, so stieß er auf harmonische, rhythmische Strukturen, wie sie in einer Komposition von Minimalisten wie Philip Glass oder Steve Reich vorkommen könnten.

Die Noten und Intervalle dieser planetaren Partitur werden durch die Strecke bestimmt, die jeder Planet auf seiner Umlaufbahn zurücklegt. Je kürzer sie ist, umso höher ist der Ton und umso schneller der Takt. Je länger sie ist, umso tiefer ist der Ton und umso langsamer der Takt. Legt Russo die Töne und Takte aller sieben Planeten übereinander, erhält er eine überzeugende und angenehm anzuhörende Musik. Eine Art Sphärenmusik, die den griechischen Philosophen, Astronomen und Mathematikern gefallen hätte, denn das alles führt uns zu dem zurück, was sie »die Harmonie der Sphären« genannt haben.

Die Harmonie der Sphären

Die Harmonie der Sphären ist eine Theorie, in der harmonische mathematische Proportionen das Universum regeln. Sie geht davon aus, dass die Abstände zwischen Planeten Intervallen der Musik entsprechen. Als Erster legte der griechische Mathematiker und Astronom Philolaos gegen 400 vor unserer Zeitrechnung diese Theorie vor. Seiner Auffassung nach dreht sich alles um drei Konsonanzen: die Oktave, die Quarte (der vierte Ton der Tonleiter) und die Quinte (der fünfte Ton der Tonleiter). Einen Schritt weiter ging der berühmte Philosoph Platon. In seiner Theorie bringt eine aufsteigende oder absteigende Tonleiter die »himmlische Musik« hervor, wobei die Intervalle durch die Abstände zwischen unserem Planeten und den Gestirnen bestimmt werden. Das Hauptintervall bildet dabei der Abstand zwischen

Erde und Mond, die Abstände zwischen der Erde und weiteren Gestirnen sind ein Vielfaches davon: 2 im Fall der Sonne, 3 im Fall von Merkur, 4 im Fall von Venus, 8 im Fall von Mars, 9 im Fall von Jupiter, 27 im Fall von Saturn. Ausgehend von diesen Verhältnissen entdeckte Platon die konsonanten Intervalle der Musik: die Oktave (2:1), Quinte (3:2) und die Quarte (4:3).

Aktuellen wissenschaftlichen Erkenntnissen hält diese Theorie nicht stand. Die interplanetaren Abstände sind offensichtlich falsch. Schon Platons Schüler Aristoteles hatte erkannt, dass die Harmonie der Sphären zwar elegant, aber unhaltbar ist. In seiner Vorstellung war es undenkbar, dass Gestirne mittels ihrer Bewegung ein harmonisches Geräusch erzeugen. Genauso undenkbar wie dass wir diese klanglichen Intervalle von Geburt an hören.

Dennoch griff fast 2000 Jahre später der renommierte Astronom Johannes Kepler diese Theorie wieder auf, dieses Mal mit genaueren Maßen. 1619 verfasste er *Harmonices mundi*, eine Abhandlung, in der er sich auf die Rotationsgeschwindigkeit der Planeten stützte. Seine Berechnungen ergaben erstaunlicherweise ein Verhältnis, das demjenigen von Terz, Quinte und Oktave entsprach. Auch andere Wissenschaftler legten Planetenmodelle vor, in denen die Intervalle eine Harmonie aufwiesen. Der deutsche Astronom Johann Daniel Titius hat 1772 eine nach ihm und Johann Elert Bode benannte Regel formuliert, nach der die Bahnradien der Planeten mit einer Zahlenfolge in Beziehung gesetzt werden können. Doch als 1846 Neptun entdeckt wurde, erwiesen sich die Intervalle als nicht anwendbar auf diesen Planeten. Der Kristallograf Victor Goldschmidt kam 1910 erneut zu einer perfekten Harmonie für ein Planetensystem. Er bestimmte den Abstand zwischen Jupiter und der Sonne zur astronomischen

Grundeinheit und berechnete mit den Abständen der Planeten erfolgreich eine musikalische Harmonie.

Von der Harmonie in der Natur zur Harmonie in der Musik

Auch heute noch entdecken Wissenschaftlerinnen und Wissenschaftler in Strukturen von Sonnensystemen, Pulsaren und Doppelsternen Harmonie. Die Umwandlung der Werte in Schall bestätigt, dass Musik, wie sie der Mensch perfektioniert hat, eine Reproduktion der Musik der Natur ist.

Ein recht weiter Weg vom Big Bang bis in unsere Gegenwart, von der Stille bis zur musikalischen Ekstase eines Lebewesens, das schwingende Tonanordnungen, die die Musik ausmachen, ersinnt, produziert und selbst erlebt! Der Schlüssel dafür befindet sich in unserem Gehirn.

Diese Erkenntnis zieht viele Fragen nach sich: Warum unterscheidet das menschliche Gehirn eigentlich zwischen harmonischen und unharmonischen Klängen in der Natur und in der Musik? Wie hat sich das menschliche Gehirn entwickelt, dass es diese Musik nicht nur wahrnimmt, sondern auch eine Reihe von Emotionen, Erinnerungen und Ideen mit ihr verknüpft?

HIRNNAHRUNG

Zum Hören

Planeten lieferten die Inspiration für dieses orchestrale Meisterwerk:

— Gustav Holst: *Die Planeten*, London Philharmonic Orchestra unter der Leitung von Vladimir Jurowski: www.youtube.com/watch?v=E61jDmFoPqY&t=41s (zuletzt aufgerufen am 15.5.2024)

Die Musik des Universums hören wie die Astrophysikerin Wanda Díaz-Merced:

— www.youtube.com/watch?v=S8qMpohp23k (auf Englisch, 15.5.2024)
— www.youtube.com/watch?v=-hY9QSdaReYr (auf Englisch, 15.5.2024)

Die Musik des Planetensystems Trappist-1 des Astrophysikers Matt Russo hören:

— www.youtube.com/watch?v=WS5UxLHbUKc (15.5.2024)
— www.astromattrusso.com (15.5.2024)

Zum Lesen

Um die Vision des Wissenschaftlers und Autors Carl Sagan besser zu verstehen:

— Carl Sagan: *Contact*, übersetzt von Meike Werner, Droemer Knaur, München 1986.
— Carl Sagan: *Unser Kosmos – Eine Reise durch das Weltall*, übersetzt von Siglinde Summerer und Gerda Kurz, Droemer Knaur, München 1989.

Ein Buch auf Französisch über das wissenschaftliche Abenteuer der Suche nach außerirdischem Leben:

— Florence Raulin Cerceau: *La recherche de vie extraterrestre*, Uppr, Toulouse 2016.

DER SOUND DER ERDE

... ein Ohr, dieser seltsame Appendix!

Henry Miller [1]

Der US-amerikanische Schriftsteller Henry Miller mag recht haben, das Ohr ist eine überaus eigenartige Ansammlung von Knorpeln, Bändern und Muskeln. Vor allem aber ist es ein Wunderwerk, das sich im Laufe der Jahrtausende verfeinert und verwandelt hat und sich für viele Tiere als außerordentlich nützlich erwies. Anhand von Schall, der sich durch die Atmosphäre bewegt, wissen sie, ob ein Räuber naht, der Feind in unmittelbarer Umgebung ist oder der Fluss zum Durstlöschen in weiter Ferne. Für alle Tiere, also auch für den Menschen, sind die Ohren und das Gehör wichtige Werkzeuge des Überlebens.

Bevor Schall im Gehirn entschlüsselt und analysiert wird, gelangt er über die Ohrmuschel ins Innere. In der Form eines Trichters fängt das Ohr bestimmte Tonfrequenzen ein, die verstärkt werden, bevor sie das Trommelfell erreichen. Die Verstärkung ist ziemlich spektakulär, da sie die Lautstärke der Wellen, die wir den Tag über hören, um zehn bis fünfzehn Dezibel erhöht. Beide Ohren produzieren eine Stereofonie, dank der wir einen Ton aus der Umgebung ziemlich präzise lokalisieren können. Wer einen Hund besitzt, hat bestimmt schon gemerkt, dass dieser seine Ohren beliebig und unabhängig voneinander bewegen kann. Beim Homo sapiens ist diese Fähigkeit verloren gegangen, auch wenn dem einen oder der anderen dieser kleine Trick noch gelingen mag. Das Ausrichten der Ohren verfeinert den Effekt der Stereofonie und ermöglicht es, den Ton besser zu lokalisieren. Was jedoch passiert, nachdem der Ton ins Ohr gelangt ist, war lange Zeit ein Rätsel.

Wie das Hören entstand

Akustische Schwingungen wurden bereits sehr früh in der Evolution wahrgenommen. Schon die ersten Meeresorganismen nahmen sie über ihren Körper wahr. Fische verfügen über zwei Hörsysteme. Geräusche aus der Umgebung nehmen sie über ihre Seitenlinie wahr. Das zweite, komplexere Hörsystem bildet ein inneres Ohr zwischen den ersten Wirbeln. Als die Tiere dann an Land gingen, verfügten sie bereits über den Ansatz eines Hörsystems.

Aktuelle Entdeckungen des Biologen Christian Christensen von der Universität Aarhus bestätigen diese These. Christensen untersuchte den Afrikanischen Lungenfisch, der mit den ersten Landwirbeltieren, die es vor 350 Millionen Jahren auf dem Festland gab, am nächsten verwandt ist. Dieser Fisch, der seltsamerweise den Aalen im Sankt-Lorenz-Strom ähnelt, verfügt weder über externe Ohren noch über Mittelohren und somit über keine Trommelfelle, über die er Druckunterschiede in der Luft wahrnehmen könnte, sobald Klang erzeugt wird. Christensen zeigte, dass niedrige Frequenzen direkt auf den Kopf und das Gehirn des Fisches wirken und dass er sie ohne die Hilfe von Ohren registriert. Er fand ebenfalls heraus, dass Feuersalamander, die ihre erste Lebensphase im Wasser verbringen, Klänge aus der Luft registrieren, obwohl sie weder äußere noch innere Ohren besitzen. Diese Entdeckung ist ziemlich außergewöhnlich, da 99,9 Prozent der akustischen Energie für gewöhnlich vom Gewebe absorbiert wird. Das bedeutet, dass das Tier nur 0,1 Prozent des Schalls wahrnehmen kann.

Sicherlich sind die ersten Tiere an Land dank dieser besonderen Fähigkeit ihren Räubern entkommen. In den nächsten 100 Millionen Jahren bildeten sich nach und nach Mittel- und Innenohren heraus, durch die akustische Signale durch das Tier geleitet und entschlüsselt wurden.

Als die ersten Reptilien ihre Eier legten, behielten sie die meiste Zeit die Umgebung im Auge. Die Fähigkeit, die Vibration niedriger Frequenzen, wie sie Schlangen erzeugen, wenn sie über den Boden kriechen, mit ihrem Körper zu registrieren, und später auch solche von Eidechsen und Krokodilen, entwickelte sich kontinuierlich weiter.

Im Zuge der Evolution verbesserte sich das Hörsystem, als sich Gliedmaßen und Pfoten entwickelten. Da sich der Kopf nicht länger in Bodennähe befand, gelangte Schall nicht mehr auf direktem Weg ins Gehirn. Beim Vorfahren des Mammuts, dem *Pristerodon mackayi*, prägten sich die unteren Extremitäten und ein komplexer Kiefer immer mehr aus, und die Knöchelchen des Innenohrs bildeten sich, damit Geräusche besser wahrgenommen werden konnten. Nun waren es diese Knöchelchen, die das akustische Signal vom Trommelfell an die Gehörschnecke weitergaben, von wo es als elektrisches Signal ins Gehirn gelangte.

Das Hören bei Wirbeltieren

Anhand von Fossilien, die im letzten Jahrhundert entdeckt wurden, konnte genau beschrieben werden, wie sich das Innenohr entwickelt hat. Die Skelette verschiedener Tiere zeigen, wie die natürliche

Selektion diesen ermöglicht hat, hohe Frequenzen besser wahrzunehmen. Ausschlaggebend dafür war eine Modifikation der Knochen. Sie führte bei Reptilien zu einer Verbindung von Ober- und Unterkiefer, die sich beim Säugetier ins Ohr verlagerte und zu Hammer und Amboss wurde, ohne dabei die Beiß- und Kaufähigkeit zu beeinträchtigen.

Wirbeltiere, die hohe Frequenzen wahrnehmen, haben eine größere Überlebenschance, da ihre Räuber beim Angriff Blätter und Zweige bewegen und somit hochfrequente Geräusche erzeugen. Außerdem waren die ersten Säugetiere eher klein und nachtaktive Insektenfresser. Beides begünstigte die Entwicklung eines maßgefertigten Hörsystems, mit dem leise und hochfrequente Geräusche der Bewegungen von kaum sichtbaren Insekten registriert wurden.

Das Hören bei Menschen

Unsere weit entfernten Vorfahren entwickelten sich also, als sie vor über 350 Millionen Jahren das Wasser verließen und Schwingungen von Klängen wahrnahmen.

Im Zuge der Evolution wurden wir mit einem Gehör ausgestattet, um auf die Reize aus unserer Umgebung zu reagieren. Reize, die es unseren Vorfahren ermöglichten, Nahrung zu finden und sich vor Räubern zu schützen. Ein umfangreiches Klangspektrum, das wir während einer ausgiebigen Wanderung durch den Wald immer noch genießen können. Wir werden später noch den Gesang von Tieren als Kommunikationsmittel und seine Evolution in der Fauna erkunden.

Auch unser Gehirn ist aus physiologischer Sicht schon vor über 100 000 Jahren gut vorbereitet, um neue Klänge der Musik des gesamten Spektrums von Frequenzen und Lautstärken zu empfangen und zu entschlüsseln. Klänge, die stetig entwickelt und verfeinert werden von jenen, die an die Kraft und die Macht von Tönen glauben, die angeordnet, rhythmisiert und gesungen werden, um zu werden, was wir heute Musik nennen.

Somit sind wir bereits mit einem überaus komplexen Apparat ausgestattet, der auf bemerkenswerte Art und Weise Anatomie und Physiologie miteinander vereint.

Ein Blick ins Innere des Ohrs

Dennoch klärte uns erst 1789 der italienische Anatom Antonio Scarpa in seinen Arbeiten über die detaillierte Struktur im Inneren des menschlichen Ohrs auf. Sein Beobachtungssinn und sein zeichnerisches Talent machten ihn zum Ersten, der die Details im Inneren des Ohrs sah und beschrieb und der annahm, dass ein Mechanismus den Schall vom Trommelfell weiter ins Innere leitet.

In seiner lombardischen Heimatstadt Pavia hatte Scarpa einen adligen Freund, dessen Sohn Markgraf werden sollte. Doch den jungen Alfonso Corti faszinierten die Arbeiten und Entdeckungen des Freundes seines Vaters um einiges mehr, sodass er beschloss, Medizin zu studieren, und ein überaus begabter Wissenschaftler wurde. Er entdeckte das Hörorgan, das nach ihm benannte Corti-Organ. Wie wir in diesem Kapitel noch sehen werden, dient dieses winzige Organ in unserer Gehörschnecke dazu, aus einem akustischen Signal ein elektrisches zu machen, das dann ins Gehirn gelangt.

Die Erforschung des Gehörs erfuhr gegen Ende des 19. Jahrhunderts, genauer gesagt zwischen 1875 und 1900, einen regelrechten Hype. Es war das goldene Zeitalter des Verstehens, doch vor allem der Verwendung von Ton zu Kommunikationszwecken, was die Welt der Musik und der Kommunikation revolutionierte.

An der faszinierenden wissenschaftlichen Erforschung der Anatomie des menschlichen Gehörs beteiligten sich so berühmte Männer wie Alexander Graham Bell, der Erfinder des Telefons, Thomas Alva Edison, der Entwickler des Fonografen, sowie Nikola Tesla und Guglielmo Marconi, die Erdenker des Radios. Durch die neuen Technologien konnten Worte und Musik weltweit gehört werden und reisten sogar das erste Mal ins All, nicht in Schallgeschwindigkeit, sondern in Lichtgeschwindigkeit! Ein Unterschied, der Musik mithilfe von Radiowellen überall auf der Welt hörbar macht. Heutzutage halten wir es für selbstverständlich, doch die Umwandlung von Schall in elektromagnetische Wellen, die anschließend wieder in Schall verwandelt werden, war eine wesentliche Innovation. Während eine Schallwelle mit 1224 Kilometern pro Stunde in der Luft unterwegs ist, sind es bei der elektromagnetischen Welle 300 000 Kilometer pro Sekunde!

Die Entdeckung der Komplexität des Hörens

Einen Physiologen wie mich kann die Arbeit der namhaftesten Forschenden, die versuchen zu verstehen, wie das Ohr Schall erfasst, der schließlich in Form von Stromimpulsen ins Gehirn gelangt, nur begeistern. Für Schall ist die Ohrmuschel lediglich die Eingangstür zu unserem Körper. Was daraufhin in Mittel- und Innenohr passiert, ist phänomenal. Es ist eines der komplexesten Systeme überhaupt: Der Schall gelangt zuerst zu einer ersten Membran, dem Trommelfell, das drei Knöchelchen – Hammer, Amboss und Steigbügel – mechanisch in Bewegung setzt. Der Steigbügel übergibt den Schall anschließend an eine zweite spiralförmige Membran in der

Gehörschnecke. Auf dieser Membran findet jede Frequenz den für sie vorgesehenen Platz und bewegt die darauf befindlichen Härchen. Sie gehören zu insgesamt 15 000 Haarzellen. Die von einem Ton in Bewegung versetzte Gruppe von Härchen wandelt den Schall in elektrische Impulse um, die der Hörnerv ins Gehirn leitet.

Wir haben es hier mit einem biologischen Mechanismus zu tun, der ein physisches Phänomen – Schall – in ein für ein Lebewesen verständliches Signal umwandelt. Aus Schall wird also eine mechanische Bewegung, dann ein elektrischer Impuls und im Gehirn schließlich eine entschlüsselte Information – in einem einzigen Kontinuum. Es gibt wohl kaum etwas im Universum, das ähnlich ausgeklügelt ist. Diesen Innenohrmechanismus zu verstehen, hat über ein Jahrhundert gedauert.

Die Sache mit Helmholtz

Der Deutsche Hermann von Helmholtz war Arzt, Physiologe und Physiker in einem und somit wie geschaffen für die Erforschung der Physik und der Funktionsweise der menschlichen Wahrnehmung. Als Gelegenheitsphilosoph verfolgte er hinsichtlich der engen Verbindung zwischen den Gesetzen der Natur und den Gesetzen der Wahrnehmung einen wissenschaftstheoretischen Ansatz.

Helmholtz ist dafür bekannt, die wichtigsten Theorien zum Sehen aufgestellt und die mathematischen Grundlagen der optischen Wahrnehmung entwickelt zu haben. Er befasste sich aber auch intensiv mit der Wahrnehmung von Tönen und Musik und verfasste darüber 1863 *Die Lehre von den Tonempfindungen als physiologische Grundlage für die Theorie der Musik*. Mit seinem Buch stellte er die Welt der Akustik und der musikalischen Akustik auf den Kopf: Eine Melodie etwa, so folgerte er, die von außen in unser Ohr gelangt, nehmen wir erst dann wahr, wenn wir sie uns verinnerlichen.

Mit seinem »Resonator« löste Helmholtz allerdings eine echte Revolution aus. Sein Instrument identifizierte verschiedene Frequenzen eines komplexen Tons. Mithilfe mehrerer Resonatoren gelang es ihm, den Klang von Vokalen nachzubilden und künstlich zu erzeugen – eine wichtige Entdeckung für das Verstehen von Sprache. Dann wurde ein kanadisch-schottischer Erfinder darauf aufmerksam, und was für einer! Alexander Graham Bell konnte kein Deutsch lesen, er sah nur den abgebildeten Resonator und glaubte, dass Helmholtz die Töne durch ein Kabel schickte, das in der Zeichnung zu sehen war. Doch das Kabel versorgte den Resonator lediglich mit dem benötigten Strom. Bell glaubte fälschlicherweise, er habe einen Telegrafen vor sich, der akustische Signale übertragen kann. Diese vermeintliche Großtat wollte er nachbauen, und er versuchte, eine Replik des Helmholtz-Resonators anzufertigen – ohne Erfolg.

Später räumte Bell ein, dass er, hätte er Deutsch gekonnt, vermutlich dem falschen Weg von Helmholtz gefolgt wäre anstatt seinem eigenen, der ihn schließlich zum Telefon führte. Es wäre ein Fehler gewesen, und das Telefon wäre vielleicht nie erfunden worden.

Der große von Békésy

Georg von Békésy brachte ans Licht, wie das Hören im Innenohr wirklich funktioniert, und bekam dafür 1961 den Nobelpreis für Medizin. Der besondere Weg des ungarisch-amerikanischen Biophysikers ließ nicht unbedingt vermuten, dass er zu einem der bedeutendsten Forscher auf dem Gebiet des menschlichen Gehörs werden würde.

Vor und während des Zweiten Weltkriegs arbeitete Békésy für die ungarische Postgesellschaft, wo er die Qualität der Telekommunikationssignale erforschte. Gleichzeitig interessierte er sich für das menschliche Ohr, denn der Zustand des Ohrs bestimmt, wie gut das Audiosignal wahrgenommen wird. Nach dem Krieg ging er erst nach Schweden und emigrierte dann in die USA. Dort verbrachte er eine kurze Zeit an der Harvard University und wechselte schließlich an die University of Hawaii, wo er bis zum Ende seiner Karriere und seines Lebens blieb. Der Biophysiker, dessen Interesse dem menschlichen Gehör galt, trug darüber hinaus mit den Jahren eine beeindruckende Sammlung asiatischer Kunst zusammen, die er der Nobel-Stiftung zur Verfügung stellte.

Der Schlüssel für seinen Erfolg lag darin, wie er das Innenohr bei Leichen freilegte, ohne dabei die zarte und winzige Gehörschnecke zu beschädigen. Mithilfe eines Stroboskops und winzigen silbernen Flocken auf der Membran der Schnecke konnte er je nach akustischer Frequenz ihre Vibrationen sehen. Er stellte fest, dass die Membran bei hohen Tönen, also hohen Frequenzen, vor allem an der Basis der Schnecke vibrierte und bei tiefen Tönen, also niedrigen Frequenzen, an der äußersten Spitze.

Er schlussfolgerte daraus, dass sich Töne – Geräusche, Gesagtes, Melodien – je nach Frequenz und Lautstärke auf der Membran aufteilen. Die Membran enthält Tausende von Härchen mit Sinneszellen – Haarzellen –, die registrieren, wenn die Härchen von einer bestimmten Frequenz in Bewegung versetzt werden. Diese Bewegung löst in der Sinneszelle einen Mechanismus aus, der ein elektrisches Signal über den Hörnerv ins Gehirn schickt.

Die Gold-Hypothese: Die Gehörschnecke vibriert von selbst!

Békésys Arbeiten stimmten zwar, erklärten aber längst noch nicht alles. Ein junger Forscher namens Thomas Gold wandte ein, dass die Schnecke kein passives System sein könne, das bloß ein Signal empfange, um es an den Hörnerv weiterzuleiten. Tatsächlich ist bekannt, dass geübte Musikerinnen und Musiker ein »außergewöhnliches Ohr« haben. Schon bei einer zweiprozentigen Abweichung von der Frequenz einer Note nehmen sie sie als falsch wahr. Gold, der als Biophysiker an den Universitäten von Cambridge, Harvard und Cornell Karriere machte, vermutete, dass die Membran und die Härchen der Schnecke Schall aktiv aufspüren, um ihn wie bei einem Radioempfänger zu verstärken. Die so verstärkten eingehenden Frequenzen heben sich von anderen Geräuschen dadurch ab, dass sie deutlicher und lauter sind.

Um seine Vermutung zu überprüfen, nutzte Gold in einem prominenten Experiment den Tinnitus. Fast zehn Prozent der Bevölkerung nehmen dieses Summen, Zischen oder Pfeifen wahr. Tinnitus entsteht durch Krankheiten, bestimmte Medikamente, ein Knalltrauma, Übermüdung, ein Schädel-Hirntrauma ... Die Liste ist lang. Zu den häufigsten Ursachen zählt jedoch exzessiver Lärm.

Dem setzte Gold seine Testpersonen aus, um den so ausgelösten Tinnitus aufzuzeichnen und aufzuzeigen, dass die Härchen und die Membran der Schnecke wie ein regelrechter Verstärker fungieren, dessen Leistung stark genug ist, um gemessen zu werden. Leider waren die damaligen Geräte (wir befinden uns im Jahr 1948) nicht sensibel genug, um den Klang, der von der Schnecke selbst ausging, zu registrieren.

Diesen Klang zeichnete schließlich 1978 der britische Physiker David Kemp auf, der damit die Annahme, die Haarzellen würden die Membran selbst zum Vibrieren bringen, bestätigte. Von da an war von »otoakustischen Emissionen« die Rede oder vom »Kemp-Echo«. Das Ohr verfügt also über einen eigenen Rückkopplungsmechanismus, der im Hörsystem für Resonanz und somit für eine genaue akustische Unterscheidung sorgt. Die otoakustischen Emissionen entstehen spontan oder werden von Klang ausgelöst. Heutzutage werden sie vor allem in Hörtests genutzt, um Schwerhörigkeit festzustellen. Zum Beispiel bei Kindern, deren Schwerhörigkeit vererbt ist und deren Haarzellen deswegen kein Kemp-Echo erzeugen.

Wenn wir Musik hören, wird ihr Schall auf dem Weg ins Gehirn in eine überaus komplexe Folge elektrischer Impulse umgewandelt. Diese fließen in verschiedene Regionen des Gehirns, um eine Flut an Reaktionen auszulösen, die Erinnerung, Gefühle und Kognition beinhalten.

HIRNNAHRUNG

Zum Hören

Ein exzellenter Dokumentarfilm zum Thema Hören:

— Andrea Lamount: *Brain Beats. Eine Reise in die Zukunft des Hörens*, Koproduktion von Lukimedia, ZDF/ARTE, TVE, Gorgone Productions, 2016: www.youtube.com/watch?v=j9BsdbUcFIQ (15.5.2024)

Zum Lesen

Zwei Bücher auf Französisch, in denen die Entstehung des Hörens und dessen Komplexität vertieft werden:

— Pierre Campo: *L'audition*, Ex Aequo, Plombières les bains 2016.
— Laurent Vergnon: *L'audition dans le chaos*, Masson, Paris 2008.

Ein populärwissenschaftlicher Klassiker zur Evolution:

— Stephen Jay Gould: *Eight Little Piggies. Reflections in Natural History*, Norton, New York 1993.

DIE ENTSTEHUNG VON SPRACHE UND MUSIK

Wenn Musik unser Gemüt seit Anbeginn der Zeit begleitet, dann zunächst, weil sie in der Evolution des Menschen der Sprache vorausging. Tatsächlich drückte sich der Mensch, lange bevor er sprechen konnte, über Gesang aus.

Musikalisches Ergriffensein ist wortwörtlich in unser archaisches Gehirn »eingraviert«.

Jean-Noël Beuzen [2]

Was uns bekanntermaßen von anderen Tieren unterscheidet, ist, dass wir miteinander sprechen können. Weniger bekannt – und in der Wissenschaft umstritten – ist die These, dass sich die ersten Menschen, bevor sie miteinander redeten, mithilfe von Musik austauschten. Ist die Sprache also nur ein Nebenprodukt der Musik?

Der Ursprung der Musik nach Darwin

Der »Vater der Evolutionstheorie« Charles Darwin interessierte sich für die Musik. In seinem Buch *The Descent of Man* (*Die Abstammung des Menschen*) von 1876 beschreibt er einen Mechanismus, der sowohl die Entstehung der Musik erklärt als auch ihre gesellschaftliche Bedeutung und der den Schluss zulässt, dass die sexuelle Selektion beim Menschen universal ist. So schreibt er:

> In dem Buche über die sexuelle Zuchtwahl werden wir sehen, daß der Urmensch, oder vielmehr ein sehr früher Stammvater des Menschen, seine Stimme wahrscheinlich dazu benutzte, echt musikalische Kadenzen hervorzubringen, d. h. also zum Singen, wie es heutigen Tages einer der Gibbons tut. Nach einer sehr weit verbreiteten Analogie können wir auch schließen, daß dieses Vermögen besonders während der Werbung der beiden Geschlechter ausgeübt wurde, um verschiedene Gemütsbewegungen auszudrücken, wie Liebe, Eifersucht, Triumph und Herausforderung für die Nebenbuhler. Es ist wahrscheinlich, daß die Nachahmung musikalischer Ausrufe durch artikulierte Laute Worte erzeugt hat, welche verschiedene komplizierte Erregungen ausdrückten.[3]

Demnach sieht Darwin in der Musik lediglich ein Mittel zur Herbeiführung des Geschlechtsakts, der das Überleben sichert. Wobei die Musik seiner Ansicht nach in der Geschichte der Menschheit der Sprache vorausging.

Die Musik als soziales Konstrukt zu betrachten und die Evolutionstheorie zu verwenden, um ihre Entstehung zu erklären, wirft verschiedene Fragen auf. Ist Musik ein Produkt der Natur oder Ausdruck von Kultur? Warum hat Musik, die immer auf denselben Strukturen aufbaut, so viele verschiedene Formen und Zwecke? Viele Forschende berufen sich heute auf die »Theorie eines dynamischen Systems«, wenn sie die Entstehung und den Ursprung der Musik erklären. In dieser Theorie sind Gehirn, Kultur und

Umgebung Systeme, die ständig miteinander interagieren.

Gary Tomlinson, Musikwissenschaftler an der Yale University, spricht in seinem Buch *A Million Years of Music: The Emergence of Human Modernity* von einer »Theorie der Biokultur«, wenn er erklärt, wie vor rund 100 000 Jahren die Musik aufgekommen ist. Er setzt Biologie und Kultur nicht in Kontrast, sondern berücksichtigt alle Entdeckungen der zerebralen Neurowissenschaft, der Biologie, der Umweltwissenschaften und der Kognitionstheorie. Er erklärt, Musik sei aus einem dynamischen Mix aus genetischen, kulturellen, biologischen und ökologischen Faktoren hervorgegangen. Dieser Ansatz hat den Vorteil, dass er in diesem multifaktoriellen Prozess alles berücksichtigt.

Die Erforschung der Ursprünge der Musik

Vor ein paar Jahren hatte ich das Glück, Daniel Levitin zu treffen, eine Art Renaissance-Mensch, der nicht nur Neuropsychologe ist, sondern auch Musiker und ehemaliger Produzent US-amerikanischer Musik für überaus bekannte Bands wie Steely Dan oder Santana. Er arbeitete in den größten Studios und war überaus erfolgreich, als er beschloss, umzuschwenken und auf dem Gebiet der Neurowissenschaften zu forschen. Heute leitet er das Music Perception and Cognition Lab an der McGill University in Montréal.

Als ich ihn damals in seinem Büro traf, dachte ich, dass ich zum ersten und wohl auch zum letzten Mal so viele goldene Schallplatten der größten Popmusiker der Geschichte bewundern kann. Daniel Levitins Gedanken kreisten eher um das Gehirn. Er betrachtet die Musik als ein verlässliches Modell, das zu verstehen hilft, wie dieses Organ mit seinen Hunderttausenden Neuronen funktioniert.

Levitin gehört zu den Vertretern jener These, nach der sich in der Evolution im menschlichen Gehirn nicht erst die Sprache und dann die Musik entwickelt hat, sondern umgekehrt. Demnach wäre Musik das erste Mittel der menschlichen Kommunikation.

Diese These findet unter Forschenden immer mehr Anhänger. So wie Michael Thaut, Professor an der University of Toronto, der über viele Jahre die Verbindung zwischen musikalischem Rhythmus und motorischer Funktion, also zwischen Musik und Bewegung, untersuchte. Er ist der Einzige, der eine umfassende und in der Reha bewährte Musiktherapie entwickelte, die insbesondere Personen zugutekommt, denen nach einem Schlaganfall das Sprechen und Bewegen schwerfällt.

Expertinnen und Experten auf dem Gebiet der kognitiven Entwicklung bei Kindern, deren Vordenker Anthony Brandt von der Rice University in Houston ist, führen aus, dass Tanzen, Singen und Spielen Verhalten sind, die uns angeboren sind. Demnach könnten wir Sprache als besondere Form der Musik betrachten.

Dazu ein konkretes Beispiel: Wenn ich spreche, bewege ich auch meine Hände. Wenn ich musiziere, benutze ich meine Hände. Wenn ich Musik höre, wippe ich mit dem Fuß oder schwinge die Hüfte, zumindest, wenn mich die Musik dazu verleitet. Die Fähigkeit, uns zu bewegen, bringt uns auf die Tanzfläche und lässt vermuten, dass Sprache und Musik eng verbunden sind, da die Gestik den Kern der menschlichen Kommunikation bildet, und zwar von Geburt an.

Neurowissenschaftlerinnen und Neurowissenschaftler haben anhand von Beobachtungen von Babys, die sich ausdrücken, indem sie auf Dinge zeigen, nachgewiesen, dass die für Sprache verantwortlichen Gehirnregionen an jene grenzen, die für die Bewegungen von Händen und im Gesicht verantwortlich sind, und mit ihnen verbunden sind. Und erst vor Kurzem haben sie gezeigt, dass bei hörgeschädigten Menschen die Gebärdensprache, die Informationen nicht akustisch, sondern visuell vermittelt, in derselben Region angesiedelt ist wie die Sprache.

Die Kindersprache: eine grundlegende Musik

Ein Phänomen ist beim Menschen universell: die Kindersprache. Dabei handelt es sich um die intime Kommunikation zwischen Mutter und Kind, die in der Entwicklung des Homo sapiens weit zurückreichen muss. Jede Mutter kann bezeugen, dass diese Sprache, die aus Gesten, rhythmischen Zuneigungen, emotional aufgeladenen Lautmalereien und Melodien besteht, keine Wörter braucht.

Interessant ist, dass der Fötus im Bauch einer Frau bereits 20 Wochen vor der Geburt hört und somit um einiges früher als bei den meisten Tieren, von denen einige sogar erst nach der Geburt hören können.

Eine Cellistin erzählte mir mal, dass sie bis zur Geburt ihres Kindes aufgetreten ist. Für sie war es eine einzigartige Erfahrung, das Instrument direkt an ihrem schwangeren Bauch zu spüren. Sie merkte, wie sehr ihr Kind auf die Musik reagierte und wie unterschiedlich – je nach Komposition, also Stil der Musik. Bei Bach waren die Bewegungen ihres Ungeborenen besonders langsam und weich.

Die Entstehung der Musik: die ersten Instrumente

Das Gehirn des Homo sapiens, also unser Gehirn, war bereits vor etwa 50 000 bis 100 000 Jahren ausgereift.

Zu dieser Zeit war der Stirnlappen groß genug, um zwei grundlegende Aufgaben zu erfüllen: Entscheidungen treffen und Werkzeuge herstellen.

Neueste archäologische Funde zeigen uns relativ raffinierte Flöten, die über 40 000 Jahre alt sind, also aus der Zeit stammen, in der der Homo sapiens auf den Neandertaler traf. So fanden Archäologenteams 2012 bei Ausgrabungen in der Höhle Geißenklösterle im deutschen Achtal zwei Flöten, deren Alter auf 42 000 beziehungsweise 43 000 Jahre geschätzt wird.

Die ersten Menschen waren fingerfertig. Eine der Flöten besteht aus dem Ellenknochen eines Schwans, die andere aus einem Horn aus Elfenbein. Das Fragment der Schwanflöte ist zwölf Zentimeter lang, wahrscheinlich waren es einmal siebzehn. Sie hat drei Löcher und erzeugt vier Töne, genug für kürzere Melodien, womöglich die ersten der Musikgeschichte.

Die viel umjubelte Divje-Flöte wurde aus dem Oberschenkel eines Bären gefertigt. Auch sie ist mindestens 43 000 Jahre alt. Sie wurde 1995 von einem von Ivan Turk geleiteten Forschungsteam in Divje Babe gefunden, einer beeindruckenden Höhle in Slowenien. Die Flöte hat zwei Löcher, wahrscheinlich waren es aber vier. Sie wird auch Neandertalerflöte genannt, könnte aber genauso gut aus der Hand eines Cro-Magnon-Menschen stammen. Manche Expertinnen und Experten behaupten sogar, der Gegenstand sei gar nicht das Werk von Menschen, die Löcher stammten von einem Tier. 2011 wurden Holzkopien der Flöte angefertigt, auf denen dann Musikschaffende spielten. Daraus wurde geschlussfolgert, dass die ursprüngliche Flöte mit wahrscheinlich vier Löchern über einen Tonumfang von zweieinhalb Oktaven verfügte.

Bei den Schlaginstrumenten ist die Sache schwieriger, da davon ausgegangen werden kann, dass zunächst auf gespannte Tierhäute oder gegen ausgehöhlte Baumstämme geschlagen wurde. Diese Materialien überdauern keine Zehntausende von Jahren und sind seit geraumer Zeit biologisch abgebaut. Dennoch wurden während einer archäologischen Grabung im ukrainischen Mesyn Knochen zutage befördert – ein Oberschenkelknochen und ein Schulterblatt von einem Mammut –, die eventuell als Schlaginstrument gedient haben. Sie wurden mit einem Hammer aus dem Horn eines Rentiers bearbeitet und mit einem lebhaften Ockerrot angemalt; in Ritualen müssen sie eine wahre Zierde gewesen sein. Ihr Alter wurde auf 24 000 Jahre datiert.

Neben den Hammerspuren zeigen die Knochen Abnutzungen, die die Hände der Schlagenden verursacht haben könnten. Die Konservatoren der Eremitage in Sankt Petersburg, wo die Artefakte ausgestellt sind, überprüften die Annahme, dass es sich um Musikinstrumente handelt, indem sie ein Konzert mit dem angesehenen russischen Schlagzeuger Wolodimir Iwanovitsch Kolokonitow organisierten. Er bestätigte, dass sich mit ihnen die Musik der ersten nordischen Völker spielen lässt.

Musik in den ersten Ritualen

Gut möglich, dass vor noch längerer Zeit andere Instrumente erfunden wurden. Zumal im Laufe der Altsteinzeit, ungefähr 40 000 Jahre vor unserer Zeitrechnung, unterschiedliche Ausdrucksformen von Kultur auftauchten: Schmuck, dekorative Gegenstände und vor allem Felszeichnungen auf Höhlenwänden.

Mit Musik lässt sich wie mit jeder anderen Kunstform eine Absicht vermitteln. Zunächst ist sie eng mit Emotionen verknüpft und ganz gewiss mit Ritualen der ersten Zivilisationen.

Musik entstand auf zwei Wegen: über die menschliche Stimme und über Rhythmus. Als sich das Gehör weiterentwickelt und verfeinert hatte, um Umgebungsgeräusche zu identifizieren und somit das Überleben des Individuums und der Gruppe zu sichern, nutzten Menschen dieses Wissen, um Klänge zu reproduzieren. Später fügten sie diese zur musikalischen Untermalung wichtiger Rituale aneinander, die der Jagd, einem Krieg, dem Spiel oder der Liebe vorausgingen. Was ist berauschender als eine intensivierte Nachahmung des Herzschlags und das Schreien von Schlachtrufen vor dem Aufbruch zur Jagd, um sich den nötigen Mut zuzusprechen?

Rituale, die das »musikalische Gehirn« formten

> *Wenn sich eine Menge in einem Konzert zusammenquetscht, wiederholt sie dann die Gesten der Ahnen, die sich in Trance um das Gebrüll des Kehlkopfes versammelten, der das Hintergrundrauschen der Welt und das körperzerreißende Verlangen imitierte?*
>
> Michel Serres[4]

Archäologen und Anthropologinnen gehen davon aus, dass die ersten Menschen Musik als kulturelles Werkzeug zur Stärkung des sozialen Zusammenhalts nutzten. Folglich wird Musik zu einem mächtigen Mittel, das den Naturelementen überlegen ist und den Lauf der Geschichte ändert …

Die zentrale Theorie, die in den Neurowissenschaften derzeit mithilfe von funktioneller Magnetresonanztomografie zu belegen versucht wird, kreist um die Existenz eines »musikalischen Gehirns« im Gehirn. Dieser Begriff verdient eine etwas genauere Betrachtung, denn ein musikalisches Gehirn im eigentlichen Sinne gibt es nicht. Vielmehr sind es verschiedene Regionen, die im Gehirn auf Musik reagieren und deren unterschiedliche Strukturelemente – Höhe, Harmonie, Rhythmus und Klangfarbe – analysieren, genauso wie die Emotionen, die sie hervorbringen, und das, was wir dann als ein Ganzes wahrnehmen.

Als ich vor 20 Jahren die Neuropsychologin Isabelle Peretz traf, war das für mein Interesse an der Wirkung von Musik auf unser Gehirn ein entscheidender Moment. Ihre lange und erfolgreiche Karriere machte Peretz zu einer der wichtigsten Forscherinnen auf dem Gebiet der musikalischen Neuropsychologie. Sie arbeitet an der Université de Montréal, hat aber vor ein paar Jahren mit ihrem Kollegen Robert Zatorre von der McGill University das International Laboratory for Brain, Music and Sound Research (BRAMS) gegründet.

Das BRAMS hat zahlreiche Regionen des Gehirns entdeckt, die für die Wahrnehmung von Musik verantwortlich sind. Überzeugend wie eh und je vertritt Peretz die These, dass Musik für die soziale Organisation der Menschen so wesentlich ist, dass denkbar ist, die natürliche Selektion – einer der grundlegenden Faktoren in der Evolutionstheorie – habe auch bei der Musik gegriffen, weil sie den sozialen Zusammenhalt fördere. Sie ermöglichte es Individuen, in einer Gesellschaft zu überleben. In jeder Epoche wurden anlässlich bedeutender Ereignisse, die Menschen zusammenbringen, Lieder komponiert: religiöse Lieder, Soldatenlieder, umschmeichelnde Lieder, Revolutionslieder, Wiegenlieder ... Musik verbindet also Menschen in wichtigen

Lebensphasen sowohl auf individueller als auch auf kollektiver Ebene.

Sprachen, die ohne Worte auskommen

Doch was lässt sich allein mit Musik vermitteln? Emotionen und Seelenzustände, könnte die Antwort lauten. Und wenn Musik sprechen könnte? Wenn klare Melodien Wörter wären? Es gibt Völker, die über Musik miteinander kommunizieren. Etwa auf La Gomera oder in den nebligen Bergen im Norden des mexikanischen Bundesstaates Oaxaca. Zwei sehr verschiedene Bevölkerungsgruppen, die geografisch weit voneinander entfernt leben, haben einzigartige Sprachen, die eins gemein haben: Sie werden nicht gesprochen, sondern gepfiffen.

Dies fasziniert den Linguisten Mark Sicoli von der Georgetown University, der aussieht wie ein sympathischer Indiana Jones. Seit wann diese so einfache wie effiziente, auf einfachen Melodien basierende Syntax der chinantekischen Sprachen in Oaxaca gebraucht wird, ist nicht bekannt. Den Männern dabei zuzuhören, wie sie über große Entfernungen mittels einer tonalen, durchweg musikalischen Sprache miteinander kommunizieren, ist erstaunlich. In Oaxaca leben 16 ethnische Gruppen, die 62 verschiedene Dialekte sprechen. Die Pfeifsprache ist an die Bedürfnisse einer Kommunikation zwischen entlegenen Bergdörfern angepasst. In dem kleinen Ort San Pedro Sochiapam beispielsweise leben 300 Familien, in denen nur die Männer durch Pfeifen miteinander kommunizieren, obwohl die Frauen diese musikalische Sprache ebenfalls verstehen. Die Musik gelangt in bis zu 3000 Meter Höhe und ist umfangreich genug, um Alltägliches wie den Stand der Ernte oder Tratsch weiterzugeben.

Sicoli fand heraus, dass diese Pfeifsprache verschiedene – genauer gesagt sieben – »Tonarten« umfasst, je nach Entfernung des Gesprächspartners. Sie erfordert ein intensives Training der unteren Gesichtsmuskeln, denn um Töne zu erzeugen, die Berge überwinden, muss das Gesicht ganz schön verrenkt werden, damit mit den Fingern im Mund gepfiffen werden kann.

Im Grunde besteht jedes Wort aus mehreren Tönen. Und fast jedes Wort der gesprochenen Sprache wird in die Pfeifsprache übertragen. Die Frage »Sag, gibt es in deinem Weizenfeld essbare Pilze?« etwa wird zu einer bestimmten Melodie, die genauso viel Zeit in Anspruch nimmt, wie es dauert, die Frage auszusprechen. Die Pfeifsprache umfasst sogar Satzzeichen: Punkt, Fragezeichen und Ausrufezeichen.

Also machte sich der Linguist die Mühe, Wörter über das Gepfiffene zu legen, um bestimmte Sätze zu identifizieren. Er fand heraus, dass sich die Wörter wunderbar in das Pfeifen einfügten. Die Melodien waren sich in ihrer Intensität und ihrem Rhythmus sehr ähnlich. Das gesprochene Chinantekisch besitzt an die 20 verschiedene Tonhöhen, die auch im Gepfiffenen herauszuhören sind.

Sicoli stellte fest, dass diese Sprache bedroht ist. Die Regierung gibt den Kindern vor, Spanisch zu lernen – und nicht die Pfeifsprache. Deshalb trägt er alle Informationen zu dieser musikalischen Sprache für die Nachwelt zusammen, in der Hoffnung, dass kommende Generationen Mexikos sie eines Tages wieder zum Leben erwecken.

Silbo Gomero: eine Musik, die Sprache imitiert

Auf der kanarischen Insel La Gomera benutzt eine Gemeinschaft mit über 22 000 Mitgliedern noch immer Silbo Gomero, eine musikalische Sprache, die ebenfalls gepfiffen wird. Kein Mensch kann sagen, wie sie auf die Insel gekommen ist. Anders als Mexiko hat Spanien allerdings dafür gesorgt, dass die Sprache erhalten bleibt. Sie wird heute in der Schule unterrichtet und steht auf der Liste des Immateriellen Kulturerbes der UNESCO.

Wie Chinantekisch ist Silbo Gomero ein Kommunikationsmittel, das sich in den Bergen als nützlich erweist, da es sich mühelos von einem Hügel zum anderen überträgt. Doch es gibt auch Unterschiede. Silbo Gomero ist keine strenge Imitation der Melodie der gesprochenen Sprache, sondern eine reduzierte Form des Spanischen, aus dem nur zwei Vokale und vier Konsonanten übrig geblieben sind. Die pfeifende Person variiert die Dauer und die Höhe des Pfiffs, wobei sie den Ton mithilfe eines Fingers im Mund verstärkt.

Diese beiden ausgefallenen Geschichten zeigen, dass Musik auch heute noch als Sprache verwendet wird. Ihre Herkunft allerdings verliert sich im Anbeginn der Zeit. Ist sie die Mutter aller Sprachen?

HIRNNAHRUNG

Zum Hören

Die gepfiffene Sprache Silbo Gomero auf La Gomera, ein Beitrag auf Englisch von DW, 2021:

- www.youtube.com/watch?v=TfGwFM9-wFk (15.5.2024)

Die englischsprachige Doku *Whistles in the Mist: Whistled Speech in Oaxaca* aus der Reihe *In the Americas with David Yetman*, Staffel 2, Folge 10, Arizona Public Media, USA 2012:

- intheamericas.org/works/210-whistles-in-the-mist-whistled-speech-in-oaxaca (15.5.2024)

Zum Lesen

- Daniel J. Levitin: *Der Musikinstinkt: Die Wissenschaft einer menschlichen Leidenschaft*, übersetzt von Andreas Held, Spektrum Akademischer Verlag, Heidelberg 2009.
- Steven Mithen: *The Singing Neanderthals: The Origins of Music, Language, Mind, and Body*, Harvard University Press, Cambridge 2007.

WAS IST EIGENTLICH MUSIK?

Musik ist klingende Mathematik,
Mathematik ist lautlose Musik.

Édouard Herriot[5]

Wie Töne organisiert sind

Warum wiederholen sich auf dem Klavier die Silben do, re, mi, fa, sol, la, si? Warum empfinde ich manche Akkorde als dissonant und andere als konsonant? Entsteht Musik nur, wenn die Töne so aufeinanderfolgen? Schon als junger Physiologiestudent an der McGill University wollte ich die physikalischen Grundlagen der Musik verstehen. Also meldete ich mich für ein Seminar zur Psychoakustik an. Ich fragte mich, ob die Anordnung der Noten auf dem Klavier auf Regeln basiert, denn sie erschien mir zu einfach.

Was ich gelernt habe, festigte meine Leidenschaft für Mathematik und Musik. Hinter der Musik verbergen sich tatsächlich mathematische Strukturen. Wie so häufig bei Phänomenen aus der Natur beruhen die Organisation und die Struktur von Materie und Wellen auf einer Ordnung und auf Proportionen, die die Wissenschaft in den letzten Jahrhunderten aufgezeigt hat. So ist es auch in der Musik. In ihr ist alles Mathematik und Geometrie: die Formen, der Rhythmus und die Beziehung der Höhen zwischen den Noten. Weil mir in der Schule Mathematik nicht immer leichtfiel, spare ich mir Gleichungen und Grafiken sowie Abhandlungen und Analysen und biete euch dafür faszinierende Geschichten hinter den Grundsätzen.

Harmonie der Sphären und Größenverhältnisse

Wie wir bereits erfahren haben, betrachtete Platon die Harmonie als einen Zweig der Physik, der heute als Akustik bezeichnet wird. Und für Pythagoras war Musik eine Wissenschaft im Kern der Erforschung des Kosmos. Er maß die mathematischen Verhältnisse zwischen der Länge einer vibrierenden Saite, der Länge einer Luftsäule und der Größe eines Schlaginstruments und bestimmte so die Noten einer Tonleiter. Seine Methode, um Instrumente zu stimmen, wurde bis zum Ende des Mittelalters benutzt.

Tatsächlich bestimmt der Abstand zwischen den Noten, ob die Harmonie perfekt ist, vor allem bei den kleinen Intervallen von 1, 2, 3 und 4, woraus sich Sekunde, Terz, Quarte und Oktave ergeben: das do, das re, das mi und das fa meiner Frage als Student.

Doch nicht nur die Griechen versuchten, die Kraft der Musik zu untersuchen und zu verstehen. Auch in China, Indien, Ägypten und Mesopotamien wurde nach den mathematischen Grundlagen von Noten und Musik gesucht. Der chinesische Philosoph Konfuzius etwa sah in diesen Grundlagen die Quelle für Perfektion.

Die Größenverhältnisse hinter den Noten

Heute wissen wir, wie das, was Pythagoras entdeckt hat, von unserem Gehirn dekodiert wird. Musik wird im Innenohr in elektrische Impulse umgewandelt, die anschließend ins Gehirn geleitet werden. Die Impulse enthalten Informationen zu den Frequenzen, die jeweils in bestimmten Arealen des Gehirns entschlüsselt werden.

Beim Besuch eines Sinfoniekonzerts erleben wir immer wieder dasselbe merkwürdige Eröffnungsritual, bei dem an die 100 Musikerinnen und Musiker eine dröhnende Kakofonie aus zusammenhanglosen Bruchstücken verschiedener Töne spielen. Darauf folgt Stille. Dann erhebt sich die erste Geige und spielt voller Energie eine einzige Note. Der Rest des Orchesters versucht unisono die Instrumente »einzustimmen«, sich also der Note der ersten Geige anzugleichen. Diese Note ist ein A. Die Saite vibriert und erzeugt so einen Schall mit verändertem Druck, der sich mit über 440 Zyklen pro Sekunde beziehungsweise 440 Hertz (Hz) durch die Luft schwingt.

Würde die erste Geige das A eine Oktave höher spielen, würde der Schall mit 880 Hz, also doppelt so schnell, durch die Luft schwingen! Bei einem A eine weitere Oktave höher wären es 1760 Hz, also das Vierfache. Und so geht es immer weiter. Genauso verhält es sich nach unten: Bei einer Oktave tiefer sind es 220 Hz und bei einer weiteren tiefer 110 Hz. Bei den anderen Noten gelten andere Proportionen: Bei der Quinte liegt sie bei 2:3 und bei der Quarte 3:4. So fußt die Musik auf mathematischen Verhältnissen.

Ab dem 15. Jahrhundert wurde in der westlichen Welt viel Mühe investiert, um die Notenintervalle zu vereinheitlichen. Die zu diesem Zeitpunkt angewandte Mathematik wurde immer komplexer, und auch die Musikkompositionen wurden immer ausgefeilter. Die von Pythagoras etablierten genauen und reinen Verhältnisse des Einklangs, der Oktave, der Quarte und der Quinte erwiesen sich als ungenügend, sobald in einem Musikstück sowohl Dur und Moll als auch verschiedene Tonarten kombiniert wurden. Eine ziemlich wirre Mischung für das Ohr.

Den Wandel leitete der spanische Mathematiker, Musiktheoretiker und Komponist Bartolomé Ramos de Pareja in seiner Abhandlung *Musica practica* aus dem Jahr 1482 ein, indem er die reine große Terz ergänzte. Und der venezianische Theoretiker und Komponist Gioseffo Zarlino brachte diese Entwicklung ein Jahrhundert später zu Ende, indem er ein sogenanntes »temperiertes« System erschuf, in dem die Frequenz zwischen jeder Note gleich lang ist. Dieses System wird seit dem ausgehenden Zeitalter des Barocks verwendet und ist dem Publikum aus dem Titel eines Meisterwerks für das Cembalo von Johann Sebastian Bach bekannt: *Das wohltemperierte Klavier.*

Während all diese Menschen an der Anpassung der Notenintervalle arbeiteten, um die Musik noch schöner zu machen, sprach Kepler in seiner bereits erwähnten Abhandlung *Harmonices mundi* von Verhältnissen zwischen planetaren Umlaufbewegungen, wie sie in der Musik vorkommen. Er verknüpfte die Frequenz der planetaren Umlaufbahnen mit Notenverhältnissen. Er vermischte Astronomie mit philosophischer Metapher und untermauerte seine Theorie, indem er behauptete, die musikalische Harmonie als Kreation des Menschen spiegele eine universelle Mathematik wider. Die Erde unterliege der Harmonie der Gestirne. Daraus ergäben sich natürliche Obertöne und einfache Notenintervalle, die den Menschen mit der Natur verbänden.

Obertöne finden sich in der Musik überall. Sobald ein von einem Instrument gespielter Ton unser Gehirn erreicht, nimmt dieses gleichzeitig mehrere Frequenzen wahr; Klang ist nie rein, denn Instrumente erzeugen sogenannte Obertöne. Eine Geige, die ein A spielt, erzeugt nicht nur eine Frequenz von 440 Hz, sondern zugleich auch weitere. Und das sind die Obertöne, die im Abstand von einer Oktave zur anderen, von 110, 220, 440, 880 und so weiter Hz, erzeugt werden und dabei kaum zu hören sind. Unser Innenohr und unser Gehirn sind überaus leistungsfähig und in der Lage, an die 1800 Frequenzen reiner Töne zu unterscheiden, sodass wir auch sehr feine Abweichungen wahrnehmen können. Deshalb erleben wir Musik als so reichhaltig und nuanciert.

Dieses Leistungsvermögen verdanken wir der Entwicklung unseres Gehörs, das sich der Fülle von Tönen aus der Umgebung angepasst hat. Dank unseres Hörvermögens konnten wir im 20. Jahrhundert ausgiebig die Welt der Musik von Vierteltönen (vier Noten zwischen C und D), Achtel- und sogar Sechzehnteltönen erkunden.

Das Paradox von Konsonanz und Dissonanz

Von zentraler Bedeutung in der Entwicklung der Musik in der westlichen Welt ist die Unterscheidung zwischen Konsonanz und Dissonanz. Und das nicht ohne Grund, denn eine Komposition erlangt erst ihre Tiefe, wenn beide Klangwelten berücksichtigt und miteinander kombiniert werden.

Werden zwei oder mehrere Töne gleichzeitig gespielt, ist das Resultat konsonant, wenn unser Ohr sie als heiter und hinnehmbar empfindet. Eine andere Tonkombination mag uns dagegen als unangenehm oder vollkommen inakzeptabel erscheinen. Auch wenn Konsonanz und Dissonanz in der Akustik objektiv voneinander unterschieden werden, nehmen wir sie individuell und sogar kulturell unterschiedlich wahr.

Konsonanz in Perfektion finden wir in der Harmonie der Sphären, in einfachen Intervallen, wie von Platon und Pythagoras angemerkt: im Einklang, der Oktave, der Quarte und der Quinte. Dissonanz entsteht durch komplexe Tonintervalle, die bei Zuhörenden für Anspannung sorgen. Eine Aufeinanderfolge von Dissonanzen in einer Komposition, die mit einer Konsonanz endet, treibt die Musik in gewisser Weise als Motor an, der uns sowohl psychisch als auch physisch bewegt. Welche Regionen im Gehirn für die Wahrnehmung von Konsonanz und Dissonanz zuständig sind, wird gegenwärtig erforscht.

Klassische Kompositionen beginnen häufig mit Konsonanzen, werden dann weniger konsonant, wenn nicht sogar dissonant, und kehren anschließend zu Konsonanzen zurück, mit denen sie auch enden. Dieses Vorgehen wurde im 20. Jahrhundert etwas verdrängt. In der zeitgenössischen Musik wird die Abgrenzung zwischen dem, was als konsonant oder dissonant gilt, absichtlich gebrochen, um sich für neue Klangwelten zu öffnen und diese zu erkunden.

Unser Herz schwankt zwischen A-Dur und a-Moll

In der westlichen Welt sind Dur und Moll ein weiterer Aspekt der Musik. Unser Gehirn unterscheidet sie genau. Es reagieren spezifische Areale des Kortex – jene, die mit Emotionen in Verbindung stehen. Bei beiden Tongeschlechtern gibt es Tonleitern, Akkorde und Intervalle. Nur die Terz zwischen dem C und dem E fällt heraus. In einer Tonleiter oder einem Akkord sorgt die große oder die kleine Terz für einen echten Unterschied. In Kompositionen wird sie genutzt, um dem Ganzen einen gewissen Ton, eine gewisse Farbe, eine gewisse Atmosphäre zu verleihen. Bei Dur ist der Ton fröhlicher, bei Moll die Atmosphäre trauriger. Dies unterscheidet unser Gehirn, wenn es Intervalle und Harmonien analysiert.

Rhythmus markiert die Zeit und schlägt wie das Herz

Das Wort »Rhythmus« stammt vom griechischen »rhythmos« ab, das eine regelmäßige und sich wiederholende Bewegung bezeichnet. Für den georgisch-australischen Musikethnologen und Gründer des International Research Center for Traditional Polyphony Joseph Jordania ist Rhythmus ein zentraler Bestandteil der Musik. Jordania stellte die These auf, wonach bei den ersten Menschenaffen Rhythmusgefühl natürlich selektiert wurde. Bereits Tiere verfügen durch ihre Fortbewegung und die Wahrnehmung ihres Herzschlags über einen natürlichen Rhythmus, Menschen besitzen darüber hinausgehende Fähigkeiten, die in zahlreichen Ritualen zum Ausdruck kommen, etwa während eines »Kampf-Trance-Zustands« zur Ermutigung vor einem Angriff, in Schlachtrufen, in den Beschwörungen eines Schamanen während einer Zeremonie oder auch in unterwürfigen Schmeicheleien. Das Bedürfnis nach Rhythmus findet sich auch noch in zeitgenössischen Ritualen, zum Beispiel beim Marschieren im Gleichschritt, das mithilfe von Rockmusik noch unterstützt wird, oder wenn es uns bei jeder Art von Musik nach einer rhythmischen Akzentuierung drängt, wie wir sie im Rock, Jazz, Blues, Pop und weiteren Genres finden.

Wie wir Rhythmus wahrnehmen, wird in Kompositionen je nach Intention genutzt, genauso ist es im Fall von Melodie und Harmonie. In der Musik gliedert Rhythmus einfach gesagt die Zeit. Ich erkläre Rhythmus gern mit dem Herzschlag, da wir alle schon einmal unserem eigenen Herzen und häufig auch dem eines geliebten Menschen beim Schlagen zugehört haben.

Auf einen Herzschlag folgt eine kurze Pause von etwa einer Sekunde. Darauf folgen wieder Schlag und

Pause, Schlag und Pause und so weiter. Die Pause markiert die Zeit zwischen zwei Schlägen. Wenn wir Musik hören, bewegen wir gern die Hand oder den Fuß im Rhythmus dazu, und der Dirigent gibt ihn mit seinem Taktstock an.

Die Geschwindigkeit, mit der die Schläge aufeinanderfolgen, kennzeichnet den Takt. Er kann langsam oder schnell sein und lässt sich angeben mit den Zahlen zwei, drei oder vier. Pierre Boulez, ein 2016 verstorbener Komponist avantgardistischer Musik, der für komplexe Musikstücke bekannt war, behauptete, dass das menschliche Ohr einen Rhythmus jenseits des Viervierteltaktes nicht mehr einfach so erfassen und ihm auch nicht ohne Weiteres folgen könne. Das Tempo der Musik, die wir hören, beträgt im Allgemeinen zwischen 40 und 240 Schläge pro Minute.

Allerdings gibt es mehrere Musikformen mit einer Polyrhythmik, also einer Überlagerung von mehreren Rhythmen. Wenn ihr einmal die Gelegenheit habt, beispielsweise Musik aus Bali zu hören, wärt ihr bestimmt hin und weg. Sie wird im Kotekan-Stil erzeugt, wobei die vielen verschiedenen Gongs, Zymbale, Xylofone und weitere Instrumente jeweils unterschiedliche und einander entgegengesetzte Rhythmen spielen, sodass der Eindruck von nur einer einzigen, extrem schnellen Melodie entsteht. Die einzelnen musizierenden Personen befinden sich in eigenen rhythmischen Blasen. Die gleichzeitige Ausführung verschachtelter Rhythmen ist überaus kraftvoll. Und unser Gehirn kann das wahrnehmen. Der Kotekan-Stil inspirierte in den 1970er-Jahren Musiker wie Steve Reich zu Stücken wie *Music for 18 Musicians*.

Klangfarbe, eine so komplexe wie vergängliche Sache

Auf der Geige können verschiedene Klänge erzeugt werden, je nachdem, wie mit dem Bogen dieselbe Note gespielt wird. Gleiches gilt für die Rockgitarre, wobei der Klang mit einem Pedal modifiziert wird. Klang ist die Summe der akustischen Eigenschaften einer Note oder eines Tons. Er sorgt in gewisser Weise für die Farbe.

Eigentlich wird dabei die Form des Schalls verändert. Es wird immer ein gleich lautes A mit 440 Hz gespielt, jedoch mit anderen Harmonien. In einem Orchester hat jedes Instrument seinen eigenen Klang, auch wenn die Note dieselbe ist. Die bedeutendsten Komponisten amüsierten sich in der Orchestrierung oft mit dem Klang. Denken wir zum Beispiel an Claude Debussy oder Gustav Mahler. Oder auch an die Rockmusik, in der mit der E-Gitarre Klang unendlich ergründet wird – ungeachtet der oft extremen Verstärkung, die zu Tinnitus und sogar zu Gehörlosigkeit führen kann.

Wenn wir verstehen wollen, was in unserem Gehirn passiert, wenn wir Musik hören oder selber welche machen, brauchen wir die elementaren Grundlagen: Töne, Melodien, Rhythmen, Harmonien, Dissonanzen und Konsonanzen werden in verschiedenen Regionen unseres Gehirns auseinandergenommen, damit sie als Ganzes wahrgenommen werden können. Doch wie gelingt das?

HIRNNAHRUNG

Zum Hören

Eine Doku auf Französisch über die Verbundenheit von Harmonie, Musik und Astronomie:

— *Les musiciens célestes, harmonie, astronomie et musique*, Université de Provence, 2009: www.youtube.com/watch?v=VLtued4HWXg (15.5.2024)

Ein Video, das zeigt, wie komplex und schön die balinesischen Gamelan sind:

— Gamelan Sanjiwani, Kilbourn Hall Eastman School of Music Rochester, NY 2017: www.youtube.com/watch?v=NhRSiYiXlLw (15.5.2024)

Zum Lesen

Zwei Bücher auf Französisch über die Herkunft der Harmonie der Sphären samt detaillierter Erläuterungen:

— Simone Jacquemard: *Pythagore et l'harmonie des sphères*, Du Seuil, Paris 2004.

— Claude-Samuel Lévine und Sylvie Vauclair: *La nouvelle musique des sphères*, Odile Jacob, Paris 2013.

WIE ENTSCHLÜSSELT DAS GEHIRN MUSIK?

Ist Musik nicht ein einzigartiges Beispiel dessen, was – hätte es nicht die Erfindung der Sprache, die Bildung der Wörter und die Analyse der Gedanken gegeben – die Kommunikation der Seelen hätte sein können?

Marcel Proust[6]

Ich war 21, als ich das erste Mal das Gehirn eines Menschen in den Händen hielt. Ich hatte gerade mein Neuropsychologie-Praktikum am Montréaler Institut-hôpital neurologique begonnen, einem Vermächtnis des renommierten Neurochirurgen Wilder Penfield, das seit seiner Gründung 1934 weltweit als Referenz für die neurowissenschaftliche Forschung gilt. Penfield war dermaßen vom Gehirn fasziniert, dass er die Erforschung dieses Organs anging wie die Suche nach dem heiligen Gral. Den Eingang des Gebäudes ziert folgendes Zitat des Visionärs: »Die Neurologie versucht, den Menschen zu verstehen.«

Ich konnte es einfach nicht fassen. In meiner Hand hielt ich diese kleine graue und feuchte Masse von kaum mehr als einem Kilo, in der sich 100 Milliarden Neuronen dicht drängen, umgeben von anderen genauso vielen Zellen, den Gliazellen und Astrozyten, die die Neuronen unterstützen und schützen. Jedes Neuron kann mit bis zu 10 000 anderen Neuronen verbunden sein. Diese überaus komplexe elektrochemische Maschine macht uns aus.

Der junge Physiologiestudent und Gelegenheitspianist, der ich damals war, ahnte schon, dass es im Inneren dieses lebendigen Computers Regionen gibt, die die Musik in ihre einzelnen Bestandteile zerlegen und analysieren. Allerdings hatte ich 1980 noch ein Rätsel vor Augen, da die richtigen Analysewerkzeuge fehlten. Inzwischen gibt es Technologien wie die funktionelle Magnetresonanztomografie und die Positronen-Emissions-Tomografie, mit denen die Gehirnaktivität sichtbar und messbar geworden ist. Hunderte Forschende weltweit nutzen sie heute, um das »musikalische Gehirn« zu kartografieren.

Das »musikalische Gehirn«

Die zentrale Theorie, die in den Neurowissenschaften mithilfe von Neuroimaging zu stützen versucht wird, ist die der Existenz eines musikalischen Gehirns im Inneren des Gehirns. Ein Begriff, der etwas Aufklärung verdient. Wie bereits erwähnt, gibt es kein musikalisches Gehirn als solches. Das musikalische Gehirn ist vielmehr ein Ensemble verschiedener Hirnregionen mit unterschiedlichen Aufgaben, die aber auf eine ganz bestimmte Art und Weise auf Musik reagieren.

Der Neurowissenschaftler Robert Zatorre und die Neuropsychologin Isabelle Peretz vom BRAMS führten zahlreiche Studien mit bildgebenden Verfahren in der Medizin durch, um die verschiedenen Regionen zu erkunden, die für die Wahrnehmung von Musik zuständig sind. Sie fanden entscheidende Elemente bei der Interpretation von Musik und bei verschiedenen Störungen der Wahrnehmung, insbesondere der Amusie. Ihnen sind zahlreiche

Erkenntnisse über das Funktionieren des Gehirns zu verdanken.

Den Stoffwechsel des Gehirns sehen dank seiner Magnetfelder

Die funktionelle Magnetresonanztomografie wird heute in der Diagnostik und in der biomedizinischen Forschung eingesetzt. Ihre Entstehungsgeschichte führt jedoch zurück ins 19. Jahrhundert. Charles Roy und Charles Sherrington forschten damals in Großbritannien an der University of Cambridge und fanden 1890 als Erste heraus, dass die Gehirnaktivität und die Blutzirkulation miteinander verbunden sind. Je aktiver eine Region im Gehirn ist, umso höher ist der Bedarf von Sauerstoff und Glukose, also Blut.

Doch erst 1936 machte der US-amerikanische Forscher Linus Pauling – bekannt für seine zwei Nobelpreise: einmal für seine Arbeit zur Struktur von Proteinen und einmal für seinen Kampf gegen Atomwaffentests – zusammen mit seinem Kollegen Charles Coryell die für die funktionelle Magnetresonanztomografie entscheidende Entdeckung. Sie fanden heraus, dass in unserem Blut das Hämoglobin, das in der Lunge Sauerstoff in sich aufnimmt und dann in die Zellen transportiert, die ihn brauchen, von einem Magnetfeld verdrängt wird, wenn es Sauerstoff transportiert, und angezogen, wenn es keinen Sauerstoff transportiert. Der Sauerstoff sorgt also für eine schwache, aber messbare magnetische Schwankung.

Wie so häufig in der Wissenschaft fand diese Entdeckung zunächst keine Beachtung – bis 1990, als die ersten Geräte, die magnetische Resonanz nutzten, in der Biomedizin vorgestellt wurden. Mithilfe der neuen Technik konnte ein statisches Bild der anatomischen Gehirnstruktur aufgenommen werden, indem die verschiedenen Magnetfelder im Körper gemessen wurden. Der Biophysiker Seiji Ogawa nutzte Paulings Entdeckung und maß die unterschiedliche Konzentration von Sauerstoff im Blut. Auf diese Weise konnte er sehen, in welchen Gehirnregionen sich zum Zeitpunkt der Aufnahme das meiste Blut befand. Somit ließ sich bestimmen, welche Bereiche für welche Gehirnaktivität verantwortlich sind. Ogawa zeigte dies zunächst bei Ratten und einige Jahre später bei Menschen. Seit 1992 ist die funktionelle Magnetresonanztomografie das wichtigste Verfahren in der Kognitionswissenschaft und der Erforschung von Musik.

Die Grenzen der funktionellen Magnetresonanztomografie

Eine Studie, die 2016 in der angesehenen US-amerikanischen Fachzeitschrift *Proceedings of the National Academy of Sciences (PNAS)* veröffentlicht wurde, verwies jedoch darauf, dass die mittels funktioneller Magnetresonanztomografie aufgenommenen Bilder in ihrer Genauigkeit und Gültigkeit anzuzweifeln sind. Sie traf die Wissenschaftsgemeinde wie eine Bombe. Anders Eklund und Hans Knutsson von der Universität Linköping und Thomas Nichols von der University of Warwick stießen in den Geräten auf ein Softwareproblem, das bei der Auswertung von Millionen von Aufnahmen zu Ungenauigkeiten führte. Tatsächlich lag die Fehlerrate bei 50 Prozent. Das war nicht nur für die Patientinnen und Patienten ein harter Schlag, sondern für die Medizin insgesamt. Ein Aufruf zu Wachsamkeit für alle, die dieses bildgebende Verfahren in ihrer Grundlagenforschung nutzen.

Laut den Autoren ist jede zehnte Studie, die funktionelle Magnetresonanztomografie nutzt, betroffen. Weitere 40 Prozent weisen Ungenauigkeiten auf. Nach Meinung der Fachleute sind vor allem die Ergebnisse korrekt, zu denen auch andere Forschungsgruppen kommen und deren Daten statistisch gesehen Gültigkeit haben. Das ist in der Musikforschung der Fall, wo zahlreiche Studien zu denselben Ergebnissen geführt haben.

Gehirnaktivität sehen mit schwach dosierter radioaktiver Strahlung

Mit der Positronen-Emissions-Tomografie haben Forschende mehr Erfolg. Durch die Injektion eines schwach dosierten radioaktiven Stoffs, zum Beispiel Sauerstoff, lässt sich der Stoffwechsel messen. Sobald die radioaktiven Sauerstoffmoleküle im Körper sind, zeigen sie die Stellen, an denen sie mit Elektronen kollidieren und dabei Licht erzeugen, das der Tomograf registriert. Häufig kommt er zur Feststellung von Tumoren und Demenz zum Einsatz. Aber auch in der Grundlagenforschung, etwa auf dem Gebiet der Musik und des Gehirns.

Die Karte des musikalischen Gehirns

Was die Forschung im letzten Vierteljahrhundert darüber entdeckt hat, was in unserem Gehirn passiert, wenn wir Musik hören, ist wirklich erstaunlich. Dutzende Konstruktionen, ganz bestimmte Regionen, sorgen dafür, dass wir Musik in all ihrer Herrlichkeit wahrnehmen können.

Wie wir wissen, besteht Musik aus Noten, Melodien, Harmonien und Klangfarben. Dieses komplexe Ensemble gelangt als ein Ganzes, das sich zeitlich hinzieht, in unser Ohr. Ohr und Gehirn leisten eine unglaublich umfangreiche Arbeit, um die einzelnen Komponenten auseinanderzunehmen und wieder zusammenzufügen.

Stellt euch vor, ihr hört ein Lied, das euch besonders gut gefällt, euer Lieblingslied. Warum lässt es euch fühlen, wie ihr fühlt? Als Erstes gelangt es in unser Ohr. In der Gehörschnecke wird es in seine unterschiedlichen Frequenzen zerlegt und in entsprechende elektrische Impulse umgewandelt, die durch den Hörnerv geleitet werden. Wie wir erfahren haben, beginnt so die Reise ins Gehirn. Über den Hörnerv gelangen die elektrischen Impulse in verschiedene Regionen des ursprünglichen Gehirns, des sogenannten Hirnstamms.

Das elektrische Signal erreicht zuerst den primären auditiven Kortex beider Gehirnhälften. Somit gelangt das Lied in den Kortex, wo alle unsere übergeordneten Aufgaben analysiert werden. Der auditive Kortex befindet sich auf dem Temporallappen, dem Kernbereich für die Wahrnehmung von Geräuschen und Sprache und für das Gedächtnis.

Der primäre auditive Kortex dekodiert jeden einzelnen Ton eures Lieblingslieds. Die Höhen und Frequenzen der Töne werden offenbar hauptsächlich von der rechten Hirnhälfte identifiziert. Die Melodie hingegen, also eine Aufeinanderfolge von mehreren Tönen und damit verschiedener Höhen, wird im sekundären oder auch assoziativen auditiven Kortex gleich neben dem primären auditiven Kortex verarbeitet. In diesem Bereich wird die Melodie nicht nur entschlüsselt, sondern es wird, wie Isabelle Peretz gezeigt hat, auch erkannt, ob falsche Noten enthalten sind.

Ein weiteres Element in eurem Lieblingslied ist der Rhythmus. Er wird im sekundären auditiven Kortex in der rechten Gehirnhälfte entschlüsselt. Bei einem einfachen Rhythmus, zum Beispiel wenn euer Lieblingslied ein Popsong im Viervierteltakt ist oder ein Walzer im Dreivierteltakt, der euch plötzlich dazu bringt, mit dem Fuß zu wippen, werden im Kortex zusätzliche Regionen aktiviert: Teile des Frontal- und des linken Parietallappens sowie das Kleinhirn (siehe den braun dargestellten Teil in der Abbildung), das das Wippen des Fußes koordiniert. Handelt es sich bei eurem Lieblingslied um ein Jazzstück mit einem komplexeren Takt, werden weitere Regionen des Kortex aktiviert, wie jene, die für die Motorik verantwortlich sind.

Das ist keine große Überraschung, da wir zuvor bereits erfahren haben, dass Bewegung und Musik miteinander verbunden sind. Die Entstehung von rhythmisierter und gesungener Musik bringt vermutlich schon seit Tausenden von Jahren Generationen zum Tanzen.

Mehrere gleichzeitig gespielte Noten, die sich über eine Melodie legen, sorgen für eine klangliche Bereicherung eines Lieds. Diese Überlagerung wird als Harmonie bezeichnet. In der westlichen Welt dominiert Musik in Dur, die als fröhliche Tonart gilt, oder in Moll, der traurigen. Ein solches Lied besteht aus einer Abfolge verschiedener Akkorde, die überwiegend in Dur oder Moll stehen. Harmonie wird fernab des auditiven Kortex in Bereichen des Frontallappens sowie der Gürtelwindung registriert und wahrgenommen.

Schließlich besteht euer Lieblingslied aus mehreren Farben, sogenannten klanglichen Strukturen. Sie definieren sich über Instrumente und Orchestrierung. Sie sind vielschichtig und setzen voraus, dass das Gehirn mehrere Instrumente voneinander unterscheiden kann. Wie wir gesehen haben, geschieht das in den auditiven Regionen des Temporallappens und geht einher mit einer Aktivierung von Bereichen im Frontallappen.

Anders als zum Beispiel Affen können wir uns längere Klangsequenzen merken. Wir haben ein exzellentes Arbeitsgedächtnis. Unser Gehirn verfügt über etwas, das Makaken und Schimpansen fehlt. Auch wenn Schimpansen über einen auditiven Kortex verfügen, ist dieser nicht durch Neuronen mit dem Stirnlappen verbunden. Doch sind es genau diese Verbindungen, über die die Signale weitergeleitet werden, während wir unser Lied hören, um analysiert und als Information zum auditiven Kortex zurückgeschickt zu werden. Die Rückmeldung sorgt für eine aktive Erinnerung an das gehörte Lied. Die Erinnerungen nehmen zu, je mehr Musik wir hören.

Kommt es nicht auch manchmal vor, dass wir uns an unser Lieblingslied erinnern und es erstaunlich genau im Kopf hören? Bildgebende Verfahren haben gezeigt, dass die Erinnerung an euer Lieblingslied im Bereich des auditiven und frontalen Kortex sitzt und dass der dargestellte Mechanismus erklärt, warum wir uns ein Lied vorstellen können, ohne es zu hören.

Das Gehirn der Freude, der Gefühle und der Belohnung

2001 veröffentlichte Robert Zatorre eine Untersuchung einer ganz anderen Wahrnehmung von Musik, die nicht nur auf Tönen, Rhythmus und Melodie basiert. Er interessierte sich dafür, was wir empfinden, wenn uns ein Lied besonders berührt, wenn uns Schauer über den Rücken laufen, wenn Musik uns bewegt und mitnimmt.

Zatorre und seine Studentin Anne Blood hatten gerade ein Experiment abgeschlossen, in dem den Teilnehmenden ergreifende Musik vorgespielt wurde, während sie in einem Positronen-Emissions-Tomografen lagen. Die Musik löste so starke Gefühle aus, dass sich Herzschlag und Atmung beschleunigten und es zur Schweißbildung kam. Gleichzeitig stellten sie fest, dass, indem die Amygdala und der Nucleus accumbens reagierten, sehr spezifische Gehirnregionen aktiviert wurden, was das limbische System, das mit Motivation, Belohnung und Gefühlen assoziiert wird, infrage stellte. Wie auf den aufgenommenen Bildern ersichtlich, waren die für diese Reaktionen verantwortlichen Regionen mit einem gut bekannten Neurotransmitter und Neurohormon verbunden: Dopamin. Diese Substanz sorgt dafür, dass wir uns glücklich fühlen, wenn wir essen, Sex haben oder Drogen wie Alkohol, Kokain oder Heroin konsumieren. 2011 nahm Zatorre das Experiment wieder auf und ermittelte, wie viel Dopamin beim Musikhören ausgeschüttet wird. Auf diese Weise stellte er einen direkten Zusammenhang her. Je mehr Gänsehaut Musik auslöst, umso mehr Dopamin wird ausgeschüttet.

Zatorre hat gezeigt, dass das Gehirn Musik zur selben Zeit auf zwei Ebenen entschlüsselt. Die physischen Bestandteile – Frequenz, Rhythmus und Struktur – übernimmt der Kortex. Die emotionale Komponente erkennt das limbische System, das die emotionalen, vergnügenden und belohnenden Elemente untersucht. Diese Zweiheit erklärt die Wirkung von Musik auf unser Gehirn. Ihre mathematische Struktur spricht unsere rationale Seite an, gleichzeitig sorgt Musik für Gefühle in ähnlichem Maß wie die Erfüllung überlebenswichtiger Bedürfnisse, zum Beispiel Sex oder Nahrung.

Musikhören und Intelligenz: Schluss mit dem Mozart-Effekt!

Musik ist das Geräusch, das denkt.

Victor Hugo

Wer hat nicht schon einmal vom »Mozart-Effekt« gehört? Die Idee dahinter ist, dass Kinder oder Babys, die Mozart hören, intelligenter werden. Inzwischen gilt die Annahme auch für Erwachsene.

Eine Studie, die 1993 in der renommierten Fachzeitschrift *Nature* erschien, machte den Effekt bekannt. Frances H. Rauscher, damals Psychologin an der University of California in Irvine, wies nach, dass das Hören von Wolfgang Amadeus Mozarts *Sonate für zwei Klaviere* in D-Dur, KV 448, bei den jungen Studienteilnehmenden die visuell-räumliche Leistungsfähigkeit steigerte.

Die *New York Times* griff die Geschichte auf, und die USA erließen wenige Monate später ein Gesetz, das das Hören von Musik in Schulen vorschrieb. Danach ging der Ansturm los. CDs und Bücher, die Eltern erklärten, wie ihre Kinder durch das Hören von Musik intelligenter würden, waren extrem gefragt.

Wie kann aus einer einzigen Beobachtungsstudie eine derartige Wirkung auf das Gehirn geschlussfolgert werden? Musik zieht die Aufmerksamkeit auf sich, vor allem wenn sie eine einfache Lösung zur Steigerung der Intelligenz bietet.

Doch was zeigt diese Studie wirklich? Zunächst erwähnte Rauscher kein einziges Mal einen Mozart-Effekt. Des Weiteren wurde der Versuch nicht mit

Babys oder Kindern durchgeführt, sondern mit jungen Erwachsenen, genauer gesagt mit 36 Studierenden. Die Anordnung war folgende: Die auf drei Gruppen verteilten Probanden mussten eine Reihe von Denkaufgaben lösen, wobei sie in ihrem Kopf mit dreidimensionalen Formen spielen sollten, in etwa so, als würden sie eine Origamifigur falten beziehungsweise auseinanderfalten. Vor jeder Aufgabe hörte die erste Gruppe zehn Minuten lang nichts, die zweite Gruppe zehn Minuten lang eine Anleitung zur Entspannung und die dritte Gruppe zehn Minuten lang Mozarts *Sonate für zwei Klaviere* in D-Dur, KV 448.

Die Studie zeigte, dass die Studierenden, die Mozart gehört hatten, sich am besten vorstellen konnten, wie ein gefaltetes Blatt Papier aussehen könnte, das auseinandergefaltet wurde. Die Leistungssteigerung hielt fünfzehn Minuten an. Daraus zu schließen, dass Mozarts Musik die Intelligenz steigert, ist gewagt. Dennoch weckte die Studie die Neugier weiterer Forschender. Wie kann diese Sonate eine Wirkung auf die visuell-räumliche Leistungsfähigkeit haben? 1999 veröffentlichte *Nature* einen Überblick aller Folgestudien und kam zu dem Schluss, dass Mozarts Musik keinerlei Effekt auf die Intelligenz hat oder darauf, wie wir denken, doch scheinbar auf unser visuelles Vorstellungsvermögen. Viel Lärm um nichts also.

Was Wissenschaftlerinnen und Wissenschaftler daraus ableiten, ist, dass die Aufgabe, sich einen dreidimensionalen Gegenstand wie eine Origamifigur vorzustellen und ihn im Raum zu bewegen, um seine Form zu verstehen, die Kognition in der rechten Gehirnhälfte stimuliert. Insbesondere eine Studie führt vor Augen, dass ein laut vorgelesener Auszug aus einem Buch von Stephen King offenbar denselben Effekt hat. Es besteht die Annahme, dass allein das Vergnügen das Gehirn animiert, sich zu übertreffen.

2010 wurden über 40 unabhängige Studien mit 3000 Testpersonen sorgfältig geprüft, mit dem Ergebnis, dass jede Art von Musik diesen Effekt hat. Eine Studie weist ihn mit Schubert nach. Eine andere Studie aus Großbritannien mit 8000 Studierenden ergab, dass der Effekt bei Popmusik, etwa bei *Country House* von Blur, größer war als bei Musik von Mozart.

Im Grunde kommen die Autoren dieser großen Metaanalyse an der Universität Wien zu dem Schluss, dass es den Mozart-Effekt schlicht und einfach nicht gibt. Jede Art der Stimulation, die uns wach macht, Kaffee zum Beispiel oder zügiges Spazieren, kann den gleichen kurzlebigen Effekt haben.

Effizienter ist es, selbst ein Instrument zu spielen

Musik zu hören, ist das eine, sie zu spielen, das andere. Es wurden über 100 Studien mithilfe von Neuroimaging durchgeführt, um das Geschehen in Gehirnen von Menschen, die ein Instrument spielen, und solchen, die keins spielen, zu vergleichen. Sicher ist, dass beim Musizieren sensorische und motorische Fähigkeiten genauso involviert sind wie übergeordnete Funktionen wie Aufmerksamkeit, Kognition und Erinnerung.

Zu alldem motiviert uns, wie gesagt, die Aussicht auf Freude, die wir erleben, wenn wir Musik machen. Wirkt sich das auch auf unsere kognitive Entwicklung aus? Diese Frage wird gerade untersucht, wobei es noch keine endgültigen Antworten gibt. Wir wissen, dass sich bei einem Kind, das ein Musikinstrument erlernt, das verbale Gedächtnis, die Lesefähigkeit, die Aussprache der Zweitsprache und bestimmte geistige Funktionen verbessern. Es könnte sogar behauptet werden, dass ein möglichst frühes Erlernen eines Instruments späteren akademischen Erfolg verspricht und einen höheren IQ im Alter.

Doch Vorsicht! Es müssen weitere Faktoren berücksichtigt werden, wie etwa die Dauer des Unterrichts und dazu noch zahlreiche Variablen, die beeinflussen, welchen Nutzen der frühe Unterricht hat: das familiäre Umfeld, andere Betätigungen des Kindes, seine Aufmerksamkeit, seine Motivation und sogar die Lehrmethode. Die Belohnung während des Unterrichts und in welchem Kontext er stattfindet, sind ebenfalls relevant.

Jessica Grahn wies in ihrer Studie an der Western University in London, Ontario, nach, dass ein einjähriger Klavierunterricht und regelmäßiges Üben den IQ um drei Punkte erhöhen können. Doch wie lässt sich das nur auf die Musik zurückführen und nicht auf eine Kombination von Faktoren, die den Unterricht begleitet haben? Sicher ist, dass die Veränderungen im Gehirn des Kindes auf einem zentralen Konzept beruhen, nämlich auf dem der neuronalen Plastizität des Gehirns. Denn es geschieht etwas im Gehirn, wenn wir ein Instrument erlernen.

HIRNNAHRUNG

Zum Hören

Testet selbst, ob es den Mozart-Effekt gibt, und bittet Kinder und Enkel, die Sonate aus der bekannten Studie regelmäßig zu hören:

— Wolfgang Amadeus Mozart, *Sonate für zwei Klaviere in D-Dur*, KV 448, von Lucas und Arthus Jussen: www.youtube.com/watch?v=VIItKRaP2vc (15.5.2024)

Zum Lesen

Ein lehrreiches Buch zum Thema Neurowissenschaften in der Musik von zwei Forschenden aus Québec:

— Isabelle Peretz und Robert J. Zatorre: *The Cognitive Neuroscience of Music*, Oxford University Press, Oxford 2003.

Zwei Bücher auf Französisch und ein populärwissenschaftliches Buch auf Deutsch zum »musikalischen Gehirn«:

— Pierre Lemarquis: *Sérénade pour un cerveau musicien*, Odile Jacob, Paris 2009.

— Francis Eustache, Bernard Lechevalier und Hervé Platel: *Le cerveau musicien*, De Boeck Supérieur, Paris 2010.

— Manfred Spitzer: *Das musikalische Gehirn*, mvg, München 2021.

UNSER GEHIRN, WENN WIR MUSIK SPIELEN

Musiker zu sein, bedeutet, von einer Hand berührt zu werden, die man nicht sieht.

Isaac Stern

Mit neun setzte ich mich das erste Mal auf eine Klavierbank. Ich erinnere mich, wie ich mit dem Zeigefinger eine Taste nach der anderen anschlug und merkte – ohne die geringste Ahnung vom Konzept der Höhen –, dass jede anders klang. Doch am meisten beeindruckte mich, dass ich die Lautstärke über den Druck meiner Finger auf die Tasten steuern konnte.

In den nächsten Monaten bekam ich Unterricht und beobachtete, wie meine motorischen Fähigkeiten besser wurden. Ich konnte gleichzeitig die zwei Stimmen aus Johann Sebastian Bachs kurzen *Inventionen* spielen. Es war, als hätte mein Gehirn eine neue Ebene des Nachdenkens erreicht.

Was passiert, wenn wir Instrumente spielen

Wie es Robert Zatorre so treffend formuliert hat, stellt die musikalische Darbietung »eine der komplexesten und anspruchsvollsten Herausforderungen auf kognitiver Ebene dar, die der Mensch zu leisten vermag«. Das ist keine Kleinigkeit. Wenn wir ein Instrument spielen, bedarf es nicht nur einer passiven Wahrnehmung über den Tastsinn wie bei anderen Tätigkeiten, es müssen auch mehrere hierarchische

Regionen im Gehirn synchronisiert werden und dazu ständig die Motorik sowie die akustische und sensorische Wahrnehmung kontrolliert werden, um die Noten genau zu spielen. Anders formuliert: Wir müssen die Noten lesen, sie in motorische Befehle umwandeln, eine musikalische Intention ergänzen, hören, was dabei herauskommt, Anpassungen vornehmen, die nächsten Noten antizipieren, und das alles über Stunden bei höchster Konzentration – eine überaus beeindruckende Übung für das Gehirn.

Stellen wir uns eine Person vor, die es sich vor einem Notenblatt bequem gemacht hat. Als Erstes muss sie die Noten lesen, ohne gleich das Stück zu interpretieren. Sie hat Symbole vor sich – Noten auf Linien –, die sie mit Tönen und Fingersatz zusammenbringen muss, um die Note zu spielen. Das visuelle Signal wird vom Auge erfasst, anschließend wird es in ein elektrisches Signal umgewandelt, das über den Sehnerv in den hinteren Teil des Gehirns zum Okzipitallappen geleitet wird, dem sogenannten visuellen Kortex. Von dort gelangt es zum auditiven Kortex im Temporallappen und zum motorischen Kortex im darüberliegenden Scheitellappen.

Dieses kortikale Dreieck agiert in einer kontinuierlichen und koordinierten Schleife. Eine gute Musikerin antizipiert zudem die noch nicht gespielten Noten, um für die gesamte Dauer des Lieds eine passende melodische Phrasierung und eine adäquate Spieldynamik zu gewährleisten. Und um im Takt zu bleiben, muss sie die Bewegungen ihrer Hände koordinieren. Möchte sie an einer Stelle eine Note betonen, sie lauter oder schneller spielen, bedarf es einer weiteren direkten Echtzeit-Verbindung zwischen Ohr und motorischem Kortex, der den beteiligten Finger kontrolliert. Schließlich braucht es noch den in der Komposition angelegten emotionalen

Ausdruck und etwas eigene Würze, die dem Spiel das Tüpfelchen auf dem i verleihen. Somit ist, wenn das elektrische Signal zwischen Kortex, Gliedmaßen und Fingern der Person unterwegs ist, das gesamte limbische System im Einsatz.

Plastizität des Gehirns bei Musikspielenden

Wirkt sich diese Meisterleistung, die jahrelang mehrere Stunden pro Tag immer wieder wiederholt wird, langfristig auf unser Gehirn aus? In zahlreichen Studien mit bildgebenden Verfahren wurden Gehirne von Personen, die professionell Musik spielen, mit solchen verglichen, die gerade erst damit anfangen, und deren Entwicklung verfolgt. Wichtigste Erkenntnis: Musik verändert das Gehirn. Intensives Üben wirkt sich nach einem als neuronale Plastizität bezeichneten Prinzip auf die Strukturen im Gehirn aus.

Der auditive und der motorische Kortex von Personen, die ein Instrument lernen, gewinnen in ihrer grauen Substanz mit zahlreichen funktionalen Neuronen neue Verbindungen dazu. Genauso weiter am Rande liegende Regionen wie der prämotorische Kortex und das Kleinhirn. Es wurden sogar Veränderungen in der weißen Substanz festgestellt, also bei Neuronen, die verschiedene Areale des Gehirns miteinander verbinden. Üben verstärkt die Nervenfasern des Balkens, also der Hauptverkehrsroute zwischen beiden Gehirnhälften.

Beim Spielen eines Instruments bedarf es natürlich des auditiven und motorischen Kortex, doch ein Blick auf die ebenfalls involvierten peripheren Regionen ist um einiges interessanter. Es wurde sogar gezeigt, dass bei weit fortgeschrittenen Musikerinnen und Musikern motorische und sensorische Regionen stark miteinander verbunden sind, auch wenn sie nicht musizieren.

Wie sich frühes Musikspielen später auswirkt

Alles deutet darauf hin, dass das Erlernen eines Musikinstruments im Kindesalter die auditiven Fähigkeiten, die motorische Koordination und die Wahrnehmung von Rhythmus verbessert. Aktuelle Studien zeigen sogar, dass entferntere Fähigkeiten wie die verbale Intelligenz profitieren und sich die akademische Leistung verbessert. Doch die Frage, die alle Eltern brennend interessiert, ist, ab wann sie ihre Kinder in den Musikunterricht schicken sollen.

In der Entwicklung des Gehirns gibt es eine besonders empfängliche Phase, in der Erlebnisse die neuronale Verschaltung stark beeinflussen. Der auditive Kortex weist besonders in den ersten drei bis vier Jahren nach der Geburt eine hohe Plastizität auf. Daher ist es auch so wichtig, Neugeborene akustisch zu stimulieren. Für das Erlernen der ersten Sprache ist die Plastizität zwischen dem ersten und dem fünften Lebensjahr optimal, für eine zweite Sprache zwischen der Geburt und dem zwölften beziehungsweise dreizehnten Lebensjahr.

Das beste Alter zum Erlernen eines Instruments wird von der »sensiblen Phase« der Plastizität bestimmt. Ohne weiter ins Detail zu gehen: Die »sensiblen Phasen« der Regionen, die für die Wahrnehmung und das Spielen von Musik verantwortlich sind, variieren. Außerdem spielen die Motivation und das Umfeld eine Rolle. Eines ist sicher: Das Erlernen eines Instruments fördert die linguistischen Fähigkeiten, die Aufmerksamkeit und die Flexibilität bei kognitiven Aufgaben. Je früher wir damit anfangen, umso besser sind die Chancen, dass wir unser Können erweitern.

Das Erlernen eines Instruments verbessert das Hörvermögen

Es steht außer Frage, dass regelmäßiges Musizieren die akustische Wahrnehmung verbessert. Achtjährige Kinder, die seit sechs Monaten ein Instrument lernen, erkennen schon geringe Veränderungen der Frequenz einer Note, etwas, das Kinder ohne Musikunterricht meist nicht können. Erwachsene Musikerinnen und Musiker hören Gespräche aus einer Geräuschkulisse heraus und können sie voneinander unterscheiden.

Berühmt ist die Szene aus *32 Variationen über Glenn Gould* des kanadischen Filmemachers François Girard. Der illustre Pianist Glenn Gould isst in einem Schnellrestaurant, in das für gewöhnlich Lkw-Fahrer gehen. Es ist dort sehr laut. Doch Gould erfreut sich daran, jedes einzelne Gespräch unter den anwesenden Gästen herauszufiltern. Er hat sogar großen Spaß daran, die Gespräche miteinander zu einer Polyfonie zu vermischen, wie es Bach mit Noten gemacht hätte. Der Psychiater Peter Ostwald war der Erste, der 1996 bei dem kanadischen Pianisten post mortem eine Störung diagnostiziert hat. Er verkündete, dass Gould viele Merkmale einer Person im Autismus-Spektrum gezeigt habe. Seine ausgeprägte Wahrnehmung von Polyfonien allerdings verweist nicht unbedingt auf das Syndrom. Ich kenne viele Musikerinnen und Musiker, die das können und nicht im Autismus-Spektrum sind.

Ein Instrument zu spielen, fördert das Sprachenlernen

Wie bereits erwähnt, sind Musik und Sprache in erster Linie Klang. Die Töne und Wörter nehmen denselben Weg bis zum auditiven Kortex. Danach trennen sie sich. Doch auch wenn die kortikalen

Regionen für Musik und Sprache andere sind, liegen sie trotzdem nah beieinander.

Einer der führenden Experten in der Erforschung der Beziehung zwischen Musik und Sprache, Aniruddh Patel von der Bostoner Tufts University, entwickelte eine Theorie, die diese innige Verbindung erklärt. Er nannte sie OPERA. Sie basiert auf der Feststellung, dass sich das Musizieren auf die Plastizität des für Sprache notwendigen neuronalen Netzes auswirkt.

Laut Patel berücksichtigt OPERA die Komplementarität der Netze im Gehirn (da sie zugleich Musik und Sprache entschlüsseln), die Präzision, die Musik diesen Netzen abverlangt, die positiven Gefühle, die durch die Verwendung dieser Netze entstehen, die Wiederholung, mit der das Üben von Musik einhergeht, und letztlich die Konzentration, die das Musizieren erfordert: Das alles zusammen würde die positive Wirkung von Musik beim Lernen von Sprachen erklären. In zahlreichen Studien wurde nachgewiesen, dass Musikunterricht die Erinnerung und das Behagen an Sprache ebenso steigert wie den Erwerb und das Leseverständnis einer zweiten Sprache.

Dennoch müssen wir klarstellen, dass durch ihn weder mathematische Fähigkeiten noch das räumliche Vorstellungsvermögen verbessert werden. Dieser Zusammenhang wurde in keiner Studie nachgewiesen. Es ist offenbar so, dass die auditiven und die visuellen Bereiche nicht gekoppelt sind, um Synergien zu schaffen, und dass auch das Lesen von Noten keinerlei Auswirkung auf unser Mathematikverständnis hat.

Das Spielen eines Instruments steigert die Konzentration

Jede Person, die ein Instrument spielt, wird bestätigen, dass es Konzentration verlangt, viel Konzentration sogar. Und gerade in der Anfangszeit extrem viel. Ich erinnere mich an meinen Unterricht. Zwei Stunden voller schwieriger Stücke wie einer Beethoven-Sonate oder einer Bach-Partite, Arpeggios, Tonleitern und Etüden waren ziemlich anstrengend.

Als meine Mutter beschloss, sich zu meiner Ermunterung dem Klavierunterricht anzuschließen, war sie 42. Diese intelligente und aufgeweckte Frau, die zuvor nie etwas mit Musik zu tun gehabt hatte, konnte nicht mit mir mithalten. Sie sagte, ihr fehle die Konzentration. Bei mir war das Gegenteil der Fall. Je mehr neue Stücke ich lernte, umso konzentrierter wurde ich. Kaum verwunderlich: Studien belegen, dass das Erlernen eines Instruments bei jungen Menschen die Aufmerksamkeit steigert.

Es gibt ein Phänomen, das in der Linguistik als »Code-Switching« bezeichnet wird; damit ist der Wechsel von einer Sprache in eine andere gemeint. Beim Lernen eines Instruments meint es den Wechsel zwischen den Aufgaben Lesen, Ausführen und Hören, also ein Hin und Her zwischen ausführenden und entscheidenden Funktionseinheiten im Frontallappen, dem auditiven Kortex, dem visuellen Kortex, dem Gedächtnis und dem limbischen System, das Emotionen verarbeitet. Das alles verbessert die Konzentration und das funktionale Gedächtnis junger Menschen.

Steigert das Erlernen eines Instruments den IQ?

Könnte das Erlernen eines Instruments zu schulischem Erfolg verhelfen und sogar den IQ steigern?

Die Ergebnisse zahlreicher Studien belegen das nicht. In einigen Studien wurde eine leichte Steigerung des IQ festgestellt, allerdings wurden sie nur selten wiederholt. Sie müssten unter Berücksichtigung von Faktoren wie Umwelt und Genen, die die Resultate verfälschen, miteinander abgeglichen werden. Weitere zu berücksichtigende Variablen sind, dass Kinder aus der gehobenen sozio-ökonomischen Schicht einen besseren Zugang zu Musikunterricht haben und dass Schulkinder mit überragenden Fähigkeiten eher zum Musikunterricht gehen.

Um sich das Studium an der Montréaler École polytechnique zu finanzieren, arbeitete mein Vater als Platzanweiser im Auditorium der Le-Plateau-Schule im La-Fontaine-Park. Es war Ende der 1930er-Jahre und das Montréaler Sinfonieorchester gab unter der Leitung seines Gründers Wilfrid Pelletier seine Konzerte an diesem Ort. Mein Vater hörte stehend von ganz hinten zu. Die Musik der großen Meister beeindruckte ihn schwer, sodass aus ihm ein Musikfreund wurde. Folglich wuchs ich mit sinfonischer Musik auf und übernahm von meinem Vater, einem Ingenieur und Unternehmer, dessen Leidenschaft für Musik.

Wird der sozio-ökonomische Kontext außer Acht gelassen, können Forschende leicht behaupten, ein Instrument zu lernen verbessere die akademischen Erfolgschancen. Die Untersuchungen von Glenn Schellenberg, Experte für die Verbundenheit von Kognition und Musik an der University of Toronto, haben in einer Studie mit 171 Kindern zwischen sechs und elf Jahren gezeigt, dass sich die schulischen Ergebnisse verbesserten, während sie ein Instrument erlernten.

Die Bedeutung von Rhythmus

Bei uns dreht sich alles um Rhythmus: Denken wir an den Herzschlag beim Gehen, an die Regelmäßigkeit beim Atmen oder den natürlichen Rhythmus beim Sprechen. Es wurde sogar herausgefunden, dass schon zwei Monate alte Babys Rhythmusvariationen in der Musik wahrnehmen. Das macht deutlich, welchen Rang die Wahrnehmung von Rhythmus im Gehirn hat. Es wurde auch gezeigt, dass Neuronen des visuellen Kortex darauf trainiert werden können, auf einen regelmäßigen Rhythmus zu reagieren.

Wenn ein Musikinstrument zu erlernen einen Nutzen hat, dann, weil Rhythmus sowohl die Leistungsfähigkeit als auch den Lernprozess fördert. Die Synchronisierung mit dem Rhythmus kommt den kognitiven Funktionen zugute, die benötigt werden, wenn Bewegungen geplant und koordiniert werden, und auch der Antizipation und der sensorischen Verarbeitung, wenn wir ein Lied auf einem Instrument spielen.

Wie sich diese Synchronisierung auf das Verhalten auswirkt, wurde ebenfalls untersucht. Wenn Musik in der Evolution des Menschen ein entscheidender Faktor dafür war, dass Menschen zusammenfanden, dass sie besser zusammenarbeiteten, sich koordinierten und in der Gruppe zusammenhielten, war der musikalische Rhythmus dabei zentral. Befragt einmal eine Person aus einem Orchester zu dem kraftvollen Phänomen der Synchronisierung bei einem Sinfoniekonzert. 100 Musikerinnen und Musiker formen ein Ganzes, angeleitet von der Person, die sie dirigiert. In Arbeiten des US-amerikanischen Psychologen und Forschers Piercarlo Valdesolo und weiteren wurde ein Zusammenhang zwischen der Synchronisierung und gesellschaftlicher Zugehörigkeit, Zusammenarbeit und sogar Mitgefühl festgestellt.

Ein Kind, das mit anderen Kindern zusammen musiziert, wird Teil einer rhythmischen Synchronisierung. Sogar die Aktivität von Spiegelneuronen wurde gemessen, einer Kategorie von Neuronen, die im Gehirn agieren, sowohl wenn eine Person einen Vorgang nur beobachtet als auch wenn sie ihn selbst ausführt. Nachdem sie in den 1990er-Jahren von dem Arzt und Neurowissenschaftler Giacomo Rizzolatti und dessen Team an der Università degli studi di Parma bei Tieren entdeckt wurden, wurden sie vor einigen Jahren auch beim Menschen nachgewiesen. Sie befinden sich in der Nähe des Sprachzentrums – dem Broca-Areal, benannt nach dem französischen Arzt, der es im 19. Jahrhundert entdeckt hat – und auf Höhe des parietalen Kortex.

Sie sind wie Spiegel, weil sie nicht nur bei selbst ausgeführten Handlungen bestens funktionieren, sondern auch bei solchen von anderen. Sie verstärken Empathie und sind dank der Emotionen und des gegenseitigen Verständnisses für die sogenannte soziale Kognition und für die sprachliche und künstlerische Weiterentwicklung wichtig. Sie werden aktiv, wenn eine Gruppe gemeinsam Musik macht. Das Niveau beim Training von Rhythmus und Synchronisierung ist so hoch wie sonst nur bei bestimmten Gruppensportarten.

Die Welt des freien Musizierens: Improvisation

Meine bisherigen Erläuterungen beziehen sich auf das konventionelle Spielen von Musik, das pädagogisch vermittelt wird und auf dem Lesen von Noten basiert. Allerdings gehört zur Geschichte der Musik auch die Improvisation. Zu improvisieren, bedeutet Komponieren in Echtzeit aus dem Augenblick heraus, ohne Sicherheitsnetz. Manchmal gehen aus

Improvisationen Lieder, Gesänge oder Melodien hervor, die in verschiedene Kulturen Eingang finden und von Generation zu Generation weitergegeben werden. Halten wir fest, dass es in der traditionellen Musik immer Raum für Improvisation gab.

Als in der westlichen Welt vor 1000 Jahren die Notenschrift eingeführt wurde, veränderte sich nach und nach die Art, wie Musik gespielt wurde. Die Musik, die Komponisten aufs Papier brachten und die von Musikern interpretiert wurde, beeinflusste die Entwicklung an Konservatorien und Universitäten so sehr, dass das Improvisieren aus dem Unterrichtet verschwand. Dabei hilft das Improvisieren, sich selbst zu finden, es ermöglicht, eigene musikalische Ideen zu erkunden und auch die eigenen Gefühle kreativ auszudrücken. Ein Instrument wahrt die Tradition der Improvisation: die Orgel. Um während eines Konzerts improvisieren zu können, muss ein guter Organist, eine gute Organistin gut ausgebildet sein. Namhafte Organisten wie Johann Sebastian Bach oder Dieterich Buxtehude waren für die unglaublichsten Improvisationen bekannt, in deren Genuss wir leider nie kommen werden.

Ich habe von Anfang an am Klavier improvisiert, bis heute. Wenn ich improvisiere, bin nicht ich es, der spielt. Ich verliere die Kontrolle über das, was ich tue, und vergesse die Zeit. Ich würde sogar so weit gehen und sagen, dass es jemand anderes ist, der da spielt! Haltet mich jetzt bitte nicht für einen Erleuchteten. Aber was ich erzähle, stimmt. Keith Jarrett, eines der größten Improvisationstalente des 20. Jahrhunderts, sprach häufig davon, sein Bewusstsein hinter sich zu lassen, um tief in seinem Inneren zur Musik vorzudringen: ein Zustand kontrollierter Trance.

Die Neurowissenschaft gibt ihm recht. Der Arzt, Musiker und Neurowissenschaftler Charles Limb von der University of California in San Francisco und sein Kollege Allen Braun führten ein Experiment mithilfe der funktionellen Magnetresonanztomografie durch, um zu identifizieren, welche Gehirnregionen aktiv sind, wenn Jazzpianisten improvisieren. Sie ersetzten das richtige Klavier durch eines aus Plastik (bei Resonanzgeräten darf aufgrund des starken Magnetfeldes kein Metall vorhanden sein) und ließen darauf Berufspianisten mit der rechten Hand zu der ihnen vorgespielten Musik improvisieren. Limb und Allen zeigten, dass das Gehirn einer Person, die Musik spielt, anders funktioniert, wenn sie improvisiert, und dass bestimmte, für gewöhnlich beim Lesen eines Notenblatts aktivierte, Regionen zugunsten von anderen am kreativen Prozess beteiligten Bereichen gehemmt werden. Dies geschieht in drei Regionen im präfrontalen Kortex; zwei davon betreffen die Wachsamkeit und werden beim Spielen eines gelesenen und auswendig gelernten Stücks aktiviert. Während einer Improvisation sind sie außer Betrieb, dafür nimmt plötzlich eine andere Region die Arbeit auf. Dieser Bereich im präfrontalen Kortex verbraucht Ressourcen des Gehirns und vernachlässigt kurzzeitig die Wachsamkeit und den Bewusstseinszustand, den die genaue Interpretation der im Notenblatt dargestellten Musik erfordert. Wenn wir hypnotisiert werden, meditieren oder träumen, ist dieser Bereich ebenfalls beteiligt.

Darüber hinaus haben Forschende entdeckt, dass die im Scheitellappen liegenden sensomotorischen Regionen des Kortex besonders gefordert sind, wenn spontan ausgedachte Passagen direkt ausgeführt werden. Das Gehirn scheint auch Bereiche des limbischen Systems zu blockieren, die die Motivation und emotionale Aspekte des Spiels steuern.

Seit dieser Entdeckung im Jahr 2008 wurden viele weitere Studien durchgeführt. Wir bekommen ein immer deutlicheres Bild von den neuronalen Prozessen, die ablaufen, wenn wir musikalisch kreativ sind. Roger Beaty, der inzwischen an der Penn State University arbeitet, sichtete alle Untersuchungen seit 2008. Es wurden die Gehirne von Jazzmusikern, Rapperinnen, klassischen Musikerinnen und Nicht-Musikern untersucht, während sie improvisierten. Die Ergebnisse bestätigen, was einige Neuropsychologen, darunter auch Jeff Pressing, der Vordenker auf diesem Gebiet, zuvor festgestellt hatten. Der US-amerikanische Psychologe, Forscher und Musiker hat 1988 ein überaus detailliertes kognitives Modell für musikalisches Improvisieren hinterlassen. In Studien mit bildgebenden Verfahren wurde bestätigt, was er aus Beobachtungen abgeleitet hatte, nämlich dass beim spontanen Komponieren und Musizieren Mechanismen des Unterbewusstseins wirken. Er machte auch darauf aufmerksam, dass die größten Improvisationstalente durchschnittlich in zehn Jahren 10 000 Stunden übten, bevor sie das Improvisieren beherrschten. Ihr funktionales Gedächtnis ist überdurchschnittlich, und sie scheinen fürs Improvisieren genetisch veranlagt zu sein. Die Kombination dieser Faktoren erklärt also, dass Pianisten wie Keith Jarrett sowohl Musik komponieren als auch interpretieren können.

Musizieren: ein kognitiver Vorrat fürs Alter

Die unter uns, die bereits einige Jahre hinter sich haben, können bestätigen, dass mit zunehmendem Alter ein gradueller, aber unvermeidbarer Rückgang der Gehirnfunktionen einsetzt und dass die viel gelobte Plastizität schwindet, dank der unser Gehirn wächst und wir bestimmte Aufgaben besser bewerkstelligen. Dennoch sorgen zahlreiche aktuelle Studien für Zuversicht: Musizieren verlangsamt den kognitiven Verfall. Forschende regen sogar dazu an, uns einen »kognitiven Vorrat« anzulegen, indem wir eifrig Musik machen, und zwar in jedem Alter.

In einer der Studien mit Teilnehmenden über 60 wurde die erste Gruppe gebeten, Klavierunterricht zu nehmen; die zweite Gruppe bildete die Kontrollgruppe. Sechs Monate später wurden bei allen Tests durchgeführt. Bei den Teilnehmenden mit Unterricht wurden im Vergleich zur Kontrollgruppe eine signifikante Steigerung der Gedächtnisleistung und eine verbesserte Motorik festgestellt. Doch seien wir realistisch: Wir können nicht mit 60 anfangen, ein Instrument zu spielen, und uns gleich auf Rachmaninows *3. Klavierkonzert* stürzen.

HIRNNAHRUNG

Zum Hören

Ein Vortrag auf Englisch von Robert Zatorre an der Rice University, 2011:

— www.youtube.com/watch?v=k0GYTKZaIzA (15.5.2024)

Keith Jarrett bei seinem Konzert vom 24. Januar 1975 im Kölner Opernhaus:

— www.youtube.com/watch?v=skkiVoI7sBk (15.5.2024)

Zum Lesen

Überlegungen des bedeutenden Komponisten und Dirigenten Pierre Boulez und weiteren:

— Pierre Boulez, Jean-Pierre Changeux und Jean-Pierre Manoury: Les neurones enchantés: Le cerveau et la musique, Odile Jacob, Paris 2014.

Ein großer Philosoph zu den unergründlichen Tiefen der Musik:

— Vladimir Jankélévitch: Die Musik und das Unaussprechliche, übersetzt von Ulrich Kunzmann, Suhrkamp, Berlin 2021.

CHAOS IN DER MUSIK

Ohne Musik wäre das Leben einfach ein Irrtum, eine Strapaze, ein Exil.

Friedrich Nietzsche

Wenn Musik abwesend ist: Amusie

Als ich vor einigen Jahren Isabelle traf – ein Treffen, das ich nicht nur als außergewöhnlich, sondern auch als verstörend empfand –, wurde mir klar, wie wichtig mir Musik in meinem Leben ist. Diese ganz normale Frau hatte einen Makel: Sie nahm keine Musik wahr. Sie litt unter sogenannter Amusie.

Als Kind hatte sie Klavier gespielt und im Gemeindechor gesungen. Doch als sie 28 war, platzte in ihrem Gehirn eine Arterie. Sie erlitt einen Schlaganfall. Teile ihres Nervensystems waren stark betroffen. Sie war danach einseitig gelähmt und konnte nicht mehr sprechen, schreiben, lesen und rechnen.

Es vergingen Monate, bis diese Fähigkeiten Stück für Stück zurückkamen – alle außer der Wahrnehmung von Musik. Sie kann kaum in Worte fassen, was sie hört und spürt, wenn ihr Musik vorgespielt wird. Sicher ist, dass Melodien, Höhen und Harmonien nicht mehr entschlüsselt werden können. Sie empfindet Musik als nerviges Geräusch, das sie lieber meidet.

Isabelle wurde eingeladen, an den Studien der Neuropsychologin Isabelle Peretz teilzunehmen.

Peretz hat in den 1990ern das sogenannte Montréaler Protokoll entwickelt, eine Reihe von Tests zur Feststellung von Amusie. Inzwischen ist es weltweit Standard.

Amusie ist keine Krankheit. Sie ist eine Anomalie, bei der verschiedene Aspekte der Wahrnehmung von Musik den Betroffenen nichts sagen. Amusie kann angeboren sein oder auf einen Schlaganfall oder eine Hirnschädigung folgen.

Eine kurze Geschichte der Amusie

Obwohl Amusie nur selten erwähnt wird, ist sie doch weit verbreitet und betrifft Millionen von Menschen. Der Erste, der von Amusie sprach, war eine schillernde Persönlichkeit in der Geschichte der Medizin: der deutsche Hirnanatom und Physiologe Franz Joseph Gall. Er behauptete auch – und das war sein größter Irrtum –, dass die Kopfform den Charakter bestimmen würde. Er war der Ansicht, dass »Hirnorgane«, die mit mentalen Eigenschaften assoziiert werden, die Schädeldecke deformieren. Er machte daraus eine Wissenschaft, die Phrenologie, die inzwischen längst überholt ist.

Immerhin hat sich seine Lokalisationstheorie in gewisser Hinsicht bestätigt. Darin werden bestimmte Regionen des Gehirns mentalen Eigenschaften zugeschrieben. Mein Buch knüpft daran an. Franz Joseph Gall ging von 27 verschiedenen »Hirnorganen« aus, wobei jedes für eine andere Eigenschaft mit eigenem Gedächtnis und eigener Wahrnehmung stand. Er fand auch eins für Musik und nannte es das »Musikorgan«.

Wie in den ersten Kapiteln erläutert, wissen wir heute, dass wir Musik nicht nur über eine Region im Gehirn wahrnehmen, wenngleich sich der gesamte auditive Kortex bei jedem Homo sapiens in einem genau definierten Bereich im Temporallappen befindet.

Auch wenn Gall bemerkt hat, dass bestimmte Menschen infolge eines Traumas Musik nicht mehr richtig wahrnehmen können, war es der deutsche Neurologe August Knoblauch, der zwischen 1880 und 1890 ein Modell für musikalische Kognition entwarf und das erste Mal von Amusie sprach.

Angeborene Amusie

1,5 Prozent der Bevölkerung haben von Geburt an Amusie, im deutschsprachigen Raum wären das mehr als 1,5 Millionen Menschen. Sie können verschiedene Tonhöhen, Melodien, dissonante oder konsonante Akkorde nicht wahrnehmen – auch ohne dass eine Hirnverletzung, ein Hörverlust oder kognitive Probleme vorliegen oder äußere Reize ausbleiben.

Die meisten Studien zielen darauf ab, nachzuweisen, dass die Wahrnehmung der Bestandteile von Musik im Normalfall sehr früh einsetzt, noch vor der Sprache. Bei Personen mit angeborener Amusie ist das anders. Sprache und deren Musikalität, auch als Prosodie bezeichnet, verstehen sie dagegen sehr gut. Daraus lässt sich ableiten, dass das Sprachzentrum, das Broca-Areal, intakt ist. Was Menschen mit angeborener Amusie fehlt, ist Rhythmus. Wir wissen, dass die Wahrnehmung von Rhythmus in verschiedenen Regionen erfolgt.

Eine vor einigen Jahren von Peretz und Zatorre angeleitete Studie des BRAMS zeigte zudem, dass Personen, die von Geburt an von Amusie betroffen sind, kaum weiße Substanz – von einer weißen Myelinscheide umgebene Nervenfasern, die Elektroimpulse von einer Region zur nächsten leiten – im Bereich des unteren Stirnlappens aufweisen, wo die Verschlüsselung von Tonhöhen und das Einprägen von Melodien erfolgt.

Späte Amusie

Weiter verbreitet ist die späte Amusie. Bei Betroffenen ist sie nicht immer von Dauer. Sie folgt immer auf eine Verletzung des Gehirns, etwa bei einem Schlaganfall oder einer Gehirnerschütterung. Die meisten Studien mit Betroffenen zeigen, dass Amusie plötzlich nach einer Verletzung des Temporallappens im Bereich des auditiven Kortex und im Bereich des Stirnlappens auftritt.

Amusie zu erforschen, ist wichtig

Peretz und weitere Forschende weltweit stießen bei Untersuchungen der Amusie auf Gehirnregionen, die für die Wahrnehmung von Musik sorgen. In dieser Hinsicht haben Menschen mit Amusie viel zum Verständnis des musikalischen Gehirns beigetragen. In der Medizin hilft der Verlust einer Funktion häufig bei der Lokalisierung des verantwortlichen Bereichs. Wenn eine Person keine Melodie hören kann, liegt das an einer Verletzung des Stirnlappens in der rechten Gehirnhälfte, wo die Wahrnehmung von Melodie liegt. Die Wahrnehmung von Rhythmus befindet sich in der linken Gehirnhälfte und so weiter.

Der argentinische Arzt und Revolutionär Ernesto »Che« Guevara litt an Amusie. Er konnte Foxtrott und Mambo nicht voneinander unterscheiden. Um sein Handicap zu umgehen, überlegte er sich ein paar Tricks: Wenn er zum Beispiel eine Dame zum Tanz aufforderte, bat er seinen Adjutanten, unauffällig im Takt auf den Tisch zu klopfen, dessen Hand diente ihm so als Metronom.

Es gibt einen berühmten Fall von »Aphasie ohne Amusie«, also dem Vorliegen einer Störung der Sprache, aber nicht der Musik: den russischen Komponisten Wissarion Schebalin, der 1953 mit 51 Jahren einen heftigen Schlaganfall in der linken Gehirnhälfte erlitt.

Dieser sorgte für eine Aphasie, die Schebalin nicht mehr sprechen ließ. Er verstand weder Fragen noch konnte er sich verständlich ausdrücken. Seine Schüler betreute er dennoch weiter, er hörte sich deren Kompositionen an und überarbeitete sie. Er beherrschte die Musik noch und verfasste selbst weitere vierzehn Choräle, zwei Sonaten, zwei Quatuore, elf Lieder und eine Sinfonie. Darin zeigten sich seine musikalischen Qualitäten genau wie vor der Aphasie, sprich sein akademischer, ernsthafter und intellektueller Stil. Das beweist, dass die Bereiche, die Musik steuern, sehr wohl andere sind als die, die die Sprache steuern.

Es gibt weitere Störungen der Musikwahrnehmung, die seltener und weniger bekannt sind. Sie sind eine Erwähnung wert, da sie überraschende Fragen über die Musik und das Gehirn aufwerfen.

Kim Peek, »Inselbegabter« und Musiker

Mein Treffen mit Kim Peek wird mir für immer in Erinnerung bleiben. Dieser kräftige Mann in seinen Fünfzigern traf mich in der Lobby eines Hotels in Salt Lake City, Utah. Er hatte einen leicht schwankenden, schiefen Gang. In der Hand hielt er eine goldene Figur, einen Oscar. Sein Blick hinter den dicken Brillengläsern war stechend.

Kim Peek reichte mir nicht die Hand. Er war nicht wie andere. Er packte mich an den Schultern und prüfte für mehrere Sekunden, die sich in die Länge zogen, meine Augen. Dann sagte er: »Du bist der wunderbarste Mensch der Welt!«

Hätte ich ein großes Ego, wäre ich mehr als nur geschmeichelt gewesen. Da dem aber nicht so ist, war mir dieser geschenkte Satz suspekt. Was zeigte, wie wenig ich ihn kannte.

Der US-amerikanische Schauspieler Dustin Hoffman hatte ihm den Oscar gegeben. Denn die

Hauptfigur in dem Kultfilm *Rain Man* basiert auf Kim Peek. Er erzählte mir voller Stolz, dass Hoffman mehrere Tage mit ihm verbracht habe, um zu verstehen, wie sein Denken funktioniert.

Hoffman erkannte schnell, dass er Kim Peek nicht verkörpern konnte. Peek hatte das Savant-Syndrom. Der US-amerikanische Psychiater Darold Treffert beschrieb es als Syndrom, bei dem der Mensch eine außergewöhnliche Kompetenz auf einem oder mehreren Gebieten zeigt und zur gleichen Zeit in seiner Entwicklung gestört ist. Peek hatte nicht die mathematischen Fähigkeiten eines Dustin Hoffman im Film, aber er hatte ein sogenanntes fotografisches Gedächtnis und war fasziniert von Zahlen und Arithmetik.

Das fotografische Gedächtnis ist ein absolutes Gedächtnis. Alles, was Kim Peek mit seinen fünf Sinnen wahrnahm, behielt er genau im Kopf. Das war wohl seit seinem 16. Lebensmonat so. Er hatte über 12 000 Bücher, Enzyklopädien und Bände mit Allgemeinwissen mit einer Geschwindigkeit von zehn Wörtern pro Sekunde gelesen und ihren Inhalt mit einer Quote von über 90 Prozent abgespeichert. Peek hatte zudem ein großes Herz, was sich in all den Vorträgen überall auf der Welt zeigte, die er vor über zwei Millionen Menschen hielt. Da ich bei einem davon anwesend war, kann ich bestätigen, dass er wusste, wie sich das eigene Wissen mit Witz und rührender Offenheit teilen lässt.

Und die Musik in dem Ganzen? Eines Tages traf Peek zufällig auf April Greenan, eine Musikerin, Sopranistin, Doktorin der Musikgeschichte und Professorin an der University of Utah. Er setzte sich an ein Klavier und brachte mit 51 zum allerersten Mal in seinem Leben eine Note hervor, dann noch eine. Schließlich spielte er eine melodische Linie. Dabei hatte er nie Unterricht gehabt, konnte keine Noten lesen und kannte auch Klaviertechniken nicht.

Sein Spiel war ziemlich wirr. Er konnte aus seinem Gedächtnis eine beliebige Passage einer Sinfonie hervorkramen und daraus die Melodie eines einzelnen Instruments herauslösen. Eine Meisterleistung, die selbst den besten Dirigenten nur in den Stücken gelingt, die sie perfekt beherrschen.

Die faszinierte Greenan traf Kim Peek danach mehrfach wieder und fand heraus, dass er die Klassikalben seines Vaters und sein Leben lang klassisches und populäres Radio gehört hatte. So hatte er die Passagen verinnerlicht. Greenan betrübte, dass sein Talent nicht schon in seiner Kindheit entdeckt worden war, denn sie erkannte in seinem Verständnis von Musik das bekannter Komponisten wieder: »Wir haben die Chance auf einen weiteren Mozart verpasst.«

Dieser »Rain Man« wurde Gegenstand zahlreicher wissenschaftlicher Untersuchungen, dank derer sein Gehirn besser verstanden werden sollte. Mehrere Teams, darunter auch eins der NASA, untersuchten Aufnahmen von seinem Gehirn, doch ohne das Rätsel zu lösen. Ein Vergleich seines Gehirns mit einem durchschnittlichen zeigte, dass das von Kim Peek einen größeren Umfang hatte. Ein »gewöhnliches« Gehirn verfügt über einen Balken, der die Gehirnhälften miteinander verbindet. Dieser fehlte bei Kim Peek. Wie er ohne funktionieren konnte, lässt sich nicht erklären.

Sein Hippocampus, das Gedächtniszentrum, sah normal aus, was hinsichtlich seiner unermesslichen Fähigkeiten überrascht. Dafür war sein Kleinhirn aufgrund eines Geburtsfehlers verkümmert, was ihm die Koordination seiner Bewegungen erschwerte: Sein Vater musste ihm morgens beim Anziehen helfen.

Für seinen Psychiater Daniel Christensen beweist das, dass die anatomischen Strukturen ohne Bedeutung sind. Die Mechanismen von Kim Peeks außergewöhnlichem Gedächtnis sind nicht zu erkennen, sie sind irgendwo in seiner Neuropsychologie, auf der molekularen Ebene oder auch in einer Vielzahl miteinander verbundener Neuronen verborgen. Anders als Kim Peek können wir nicht so einfach Informationen aus verschiedenen Gehirnregionen des Gedächtnisses hervorholen. Sein »musikalisches Gehirn« war unbeschädigt. Sein Talent und sein Geheimnis nahm er im Alter von 58 Jahren im Dezember 2009 mit ins Grab.

Das Williams-Beuren-Syndrom

Musikalisch hochbegabt ist auch Lisa Walsh. Das Mädchen aus Montréal hat das Williams-Beuren-Syndrom. Wie die meisten mit diesem genetischen Defekt lächelt Lisa Walsh viel, ist positiv und hat gern Menschen um sich. Sobald sie ein Mikro und eine Bühne bekommt, legt sie einen denkwürdigen Jazzauftritt hin. Sie hat Swing im Blut.

Daniel Levitin von der McGill University wollte verstehen, wie sich diese Begabung in ihrem Gehirn zeigt. Denn das Williams-Beuren-Syndrom geht einher mit einer geistigen Verzögerung, mit gewissen Mängeln bei räumlichem Denken, mit einem Gesicht, das häufig als elfengleich beschrieben wird, mit zahlreichen Herzproblemen und mit einem schwankenden Kalziumgehalt im Blut. Bis heute wurden auf Chromosom 7 Anomalien bei 27 Genen festgestellt. Je nach den Kriterien zur Bewertung des Williams-Beuren-Syndroms tritt es bei einer von 20 000 oder einer von 7500 Geburten auf.

Die musikalische Begabung von Lisa Walsh und anderen Betroffenen faszinierte Levitin. Sie können keinerlei Berechnung anstellen, leben außerhalb der Zeit – sie unterscheiden nicht zwischen Minute, Stunde und Tag –, haben Probleme, sich zu bewegen, und vergessen Orte und Dinge. Doch ihre musikalischen Kompetenzen funktionieren tadellos.

Also führte Levitin ein Experiment durch, um das Gehirn dieser Menschen zu untersuchen. Lisa Walsh und anderen Betroffenen sowie einer zweiten Gruppe mit Nicht-Betroffenen wurden ihre Lieblingslieder vorgespielt. Dabei machte der Neuropsychologe eine unerwartete Entdeckung, die allem, was in diesem Buch geschrieben steht, widerspricht: Bei keiner Person mit Williams-Beuren-Syndrom erfolgt die Wahrnehmung von Musik in den zuvor dargestellten Regionen. Also muss jeder Mensch ganz eigene Bereiche für die Wahrnehmung besitzen, was ziemlich außergewöhnlich ist. Des Weiteren fand Levitin heraus, dass die Betroffenen Musik quasi in ihrem gesamten Gehirn wahrnehmen, wobei die Bereiche ganz zufällig sind.

Eines haben sie jedoch gemein, nämlich eine bestimmte, besonders aktive Region im Gehirn, die Amygdala. Wie im Kapitel über die Wahrnehmung gezeigt, sitzen dort die Gefühle. Die Amygdala ist bei Menschen mit Williams-Beuren-Syndrom aktiver als bei denen aus der Kontrollgruppe, was zeigt, dass sie Töne und Musik besonders mögen. Levitins Ansicht nach ist das die neuronale Bestätigung für das Ausmaß der Emotionen, die Musik bei Menschen mit Williams-Beuren-Syndrom auslöst.

Wie können sie präzise Musik wahrnehmen über andere Regionen? Hier wird das Prinzip infrage gestellt, nach dem jede Gehirnregion eine bestimmte Funktion hat. Das Schlüsselwort lautet Plastizität, denn wir haben überaus sprechende Beispiele dafür, dass sich der gesamte Kortex bei Bedarf umbilden kann, um neue Funktionen unterzubringen. Dies zeigt sich auch bei Menschen, die verunglückt sind oder einen Schlaganfall erlitten haben. Die Beschädigung eines Bereichs, etwa dem der Sprache, bedeutet nicht unbedingt das Ende dieser Funktion. Durch eine Umstellung springen angrenzende Regionen ein, die sich umbilden und dann die Sprechfunktion übernehmen. Plastizität macht es möglich, dass Lisa Walsh ihren Jazzauftritt in einer Leichtigkeit hinlegt und am Ende von jedem Lied so ansteckend lächelt. Eine Lektion in Sachen Respekt, die hilft, mit den Vorurteilen rund um das Syndrom zu brechen. Denn wenn uns bestimmte Krankheiten dazu verholfen haben, Musik besser zu verstehen, und umgekehrt, dann vielleicht, weil Medizin und Musik eng miteinander verwoben sind.

HIRNNAHRUNG

Zum Hören

Ein Vortrag auf Englisch von Isabelle Peretz:
— University of California in San Diego, University of California Television, 2017: www.youtube.com/watch?v=YYym_6wdZTw (15.5.2024)

Um sich Amusie anhand des Beispiels von Ernesto »Che« Guevara besser vorstellen zu können:
— Walter Salles: *Diarios de motocicleta* (*The Motorcycle Diaries*), Film4 Productions, 2004: www.film4productions.com/index.php/productions/2004/motorcycle-diaries

Eine schwedische Doku über Kim Peek:
— Kim Peek - *The Real Rain Man*, TV-4, 2006: www.youtube.com/watch?v=DLpCfHH1OVU (15.5.2024)

Zum Lesen

Es gibt keine Biografie über Kim Peek, dafür aber eine über Daniel Tammet:
— Daniel Tammet: *Elf ist freundlich und Fünf ist laut. Ein genialer Autist erklärt seine Welt*, übersetzt von Maren Klostermann, Heyne, München 2008.

Weitere Informationen zum Williams-Beuren-Syndrom:
— www.w-b-s.de (29.4.2024)

MUSIK UND MEDIZIN: SCHON IMMER!

Der Anbeginn der Zeit hat gesehen, wie Gesang und Therapie durch Magie spontan miteinander vereint wurden.

Patrick L'Échevin[7]

An einem schönen Sommertag im Jahr 1981 blieb ich vor einer Montréaler Buchhandlung stehen. Im Schaufenster lag ein Buch in schwarzem Einband aus, den die Hände eines Dirigenten zierten, der seinen Stab hält. Eine sanfte und anmutige Geste. Ich wurde neugierig. Der Titel des Buches lautete *Musique et médecine*, geschrieben hat es Patrick L'Échevin, ein gerade mal 31-jähriger Arzt, Chirurg und Musiker. Das Buch versetzte mich zurück in die Zeit meines Studiums der Physiologie und meines Klavierunterrichts. L'Échevin schreibt über die Kraft der Musik in Heilungsprozessen und über ihre Anziehungskraft auf Ärztinnen und Heiler in unterschiedlichen Epochen.

Musik und Medizin bei den Griechen

Unser Abstecher in die Welt von Musik und Medizin führt uns zu einem weiteren Griechen: Hippokrates. Er gilt als »Vater der Medizin« und war auch Philosoph.

Wir verdanken ihm die Methode, wie Körper untersucht werden, und die Regeln zu ethischem Handeln, wenn Ärztinnen und Ärzte ihren Beruf ausüben, zusammengefasst in dem bekannten hippokratischen Eid. In seiner Schrift *Über die Natur des Menschen* vertrat er die Theorie, dass unsere Gesundheit von vier Säften bestimmt wird: Blut, Schleim (Körperflüssigkeiten infolge von Entzündungen), gelber Galle (wie bei Erbrechen und Durchfall) und schwarzer Galle (Melancholie, die aus Blut und Schleim eine schwarze Flüssigkeit macht). Hippokrates glaubte, dass Musik die Stimmungsschwankungen ausgleichen könne.

Ebenfalls zu nennen ist Aristoteles, noch ein bekannter Philosoph, der das westliche Denken stark geprägt hat. Der bedeutende Musikwissenschaftler der Antike beschäftigte sich intensiv mit den Konzepten und Mechanismen, die dafür sorgen, dass Menschen emotional berührt werden. Er behauptete, dass ausschließlich Künste, die auf Rhythmus aufbauen, dazu in der Lage seien, die Moral zu heben, für Ruhe und innere Balance zu sorgen und jede Form von Angst zu vertreiben. Rhythmus ist eine Grundkomponente der Musik, aber auch im Stoffwechsel des Menschen.

Das Herz schlägt im Durchschnitt ungefähr ein Mal pro Sekunde. Es gibt uns einen Rhythmus, der uns ein Leben lang begleitet. Dieser Begleiter hallt uns 100 000 Mal pro Tag durch den Körper, 36,8 Millionen Mal pro Jahr und drei Milliarden Mal, wenn wir das ehrwürdige Alter von 80 erreichen.

Doch häufig wird der Herzschlag gestört, wenn wir krank sind. Praxagoras von Kos, ein Arzt und Schüler von Hippokrates aus dem 4. Jahrhundert vor unserer Zeitrechnung, wird oft als »Vater des Herzschlags« bezeichnet, da er als Erster registriert hat, dass sich der Puls über die Adern ertasten lässt. Allerdings war es Herophilos von Chalkedon, ein weiterer berühmter Arzt dieser Zeit, der den Puls mit Musik in einen Zusammenhang stellte.

Ein arabischer Philosoph, Arzt und Musiktheoretiker aus dem ausgehenden 10. Jahrhundert wiederum, der legendäre Avicenna, eigentlich Abū Alī al-Husain ibn Abdullāh ibn Sīnā, hatte ebenso großen Einfluss in der islamischen wie in der westlichen Welt. Er verfasste über 100 Schriften, darunter den berühmten *Kanon der Medizin*, auf den sich die medizinische Ausbildung an christlichen Universitäten bis zur Mitte des 17. Jahrhunderts stützte. Er vergleicht darin das Schlagen des Herzens mit Proportionen aus der Musik.

Einige Ärzte erstellten bis ins 18. Jahrhundert hinein ihre Diagnose mithilfe von musikalischem Rhythmus. So veröffentlichte zum Beispiel ein französischer Arzt aus Nancy, François Nicolas Marquet, 1747 die Schrift *L'Art de connaître et de désigner le pouls par la musique*. Er verglich darin den Herzschlag mit musikalischen Rhythmen und wollte ihn mithilfe von Notenschrift sichtbar machen, egal, ob es sich dabei um einen doppelten, einen unregelmäßigen oder einen rasenden Puls handelt. Eine erfinderische Laune, die nie in die Tat umgesetzt wurde. Ähnliches hatte der Québecer Kardiologe François Reeves im Sinn. Er erschuf die Sinfonie *Cœur, poèmes symphoniques pour chœur et orchestre*, indem er Herzkrankheiten – Arrhythmien des Herzens – mit Musik kombinierte. Die Musik lieferte der Komponist Gilles Bellemare. Im Textbuch heißt es:

> Das Orchester ist das Herz, der Chor die Psyche. Fünf Zimmer, fünf Patienten, fünf Auskultationen, fünf Arrhythmien, fünf Lebensetappen. In jedem Zimmer trifft der Arzt auf einen Menschen mit einer Herzerkrankung und einer Arrhythmie. Er erfährt auch von dessen Gefühlen und Gedanken in dieser schwierigen Zeit. Das

Abhorchen und die Arrhythmie jedes Einzelnen bilden die klangliche und rhythmische Grundlage für das Orchester. Der Chor singt, was der Patient fühlt, der, während einer verordneten Isolation so häufig, eine Episode aus seinem Leben mitteilt.

Diese Sinfonie geht zurück auf einen bedeutenden Arzt und Musiker: den Franzosen René Laennec, den »Vater der modernen Auskultation«.

René Laennec: von der Flöte zum Stethoskop
Laennec war nicht nur Arzt, sondern auch ein exzellenter Flötist. 1816 wurde er ans Pariser Hôpital Necker berufen. Sein Interesse galt vor allem Erkrankungen der Lunge. Wie seine Kollegen erstellte er seine Diagnosen, indem er mit den Fingern auf die Lunge klopfte, um eine etwaige Blockade durch eine Veränderung des Klangs festzustellen.

Allerdings hegte er eine Abneigung gegen diese seiner Meinung nach unzureichende Technik. Eines Nachmittags beobachtete er, während er in der Nähe des Louvre spazieren war, einen Jungen, der erfreut den Tönen lauschte, die aus einem langen metallischen Rohr kamen. Dem Flötisten entglitt ein »Heureka!«. Er eilte sofort zurück ins Krankenhaus, griff sich ein Blatt Papier, rollte es zusammen und hielt es an die Brust einer Patientin, auf die andere Seite legte er sein Ohr. Er hörte klar und deutlich das Herz und die Atmung.

So hatte Laennec die Auskultation und das Stethoskop erfunden, ein Instrument, mit dem Erkrankungen der Atemwege, wie zum Beispiel Tuberkulose, entdeckt werden können. 1819 veröffentlichte er seine *Abhandlung der mittelbaren Auskultation* und veränderte damit das ärztliche Vorgehen. Sein

Stethoskop in der Form einer Querflöte ist der Beweis für das sonderbare Zusammenspiel von Musik und Medizin. Ein Zylinder wird zu einer Röhre, die Töne erzeugt, sowohl solche der Krankheit als auch solche der Musik.

Edward Jenner: Impfstoffe und Lieder

Der Arzt, Wissenschaftler und Naturforscher Edward Jenner ist wegen seiner wissenschaftlichen Untersuchungen des Pockenimpfstoffs weltweit als »Vater der Immunologie« bekannt. Zuvor hatten bereits andere mit mäßigem Erfolg ein Vakzin getestet, das aus den eitrigen Blasen von Melkerinnen gewonnen wurde, die Kuhpocken hatten, eine Krankheit, die den Pocken beim Menschen ähnelt, jedoch milder verläuft. Die an Kuhpocken erkrankten Frauen waren vor Pocken geschützt.

Jenner impfte am 14. Mai 1796 den achtjährigen James Phipps mit dem Blaseninhalt einer Melkerin namens Blossom, die sich bei einer Kuh mit Kuhpocken angesteckt hatte. Anschließend setzte der Arzt den Jungen der Krankheit aus, sie brach allerdings nicht aus. Der Rest ist Geschichte. Jenner gelangte weltweit zu Ruhm. Doch nur wenige wissen, dass er auch Musiker war. Er mochte es zu singen, spielte sowohl Geige als auch Flöte (noch einer) und widmete sich dem Komponieren. Er war dafür bekannt, bei geselligen Abenden aufzutreten. Einige seiner Lieder sind veröffentlicht worden, darunter das wohl bekannteste *Signs of Rain*.

Doktor Hector Berlioz: der Kampf fürs Komponieren

Hector Berlioz war einer der renommiertesten Komponisten Frankreichs im 19. Jahrhundert, berühmt für seine *Symphonie fantastique*. Berlioz wurde in eine Arztfamilie hineingeboren, sein Großvater, sein Onkel und sein Vater waren Ärzte. Obwohl er schon früh Talent zeigte und darauf beharrte, Musiker und Komponist werden zu wollen, zwang sein Vater ihn zum Medizinstudium, damit die Familientradition weitergeführt würde. Berlioz beugte sich dem Willen seines Vaters und schloss 1824 sein Studium ab. Doch seine Leidenschaft für die Musik ließ ihn nicht los.

Er nahm Unterricht bei dem berühmten Komponisten Jean-François Lesueur am Pariser Konservatorium. Während er eine Messe hörte, die Berlioz komponiert hatte, verkündete Lesueur, dass der junge Mann die Medizin ruhen lassen und ein brillanter Musiker werden solle. Die Geschichte gab dem Lehrer recht; Hector Berlioz wurde zum Symbol der französischen Romantik, doch sein Leben bestand aus einer Aneinanderreihung von »Abenteuern, Ekstasen, Elend und Not, berauschenden Triumphen«, wie sein Biograf Adolphe Boschot zusammenfasste.

Alexander Borodin: Glänzen in zwei Berufen

Auch der in Sankt-Petersburg geborene Komponist und Musiker Alexander Borodin folgte dem Weg, den ihm seine Familie vorgab. Borodin kam nach einem kurzen Abenteuer zwischen einem georgischen Prinzen und dessen junger Mätresse auf die Welt. Der Prinz meinte es gut, kaufte der Mutter ein vierstöckiges Haus und ernannte den Sohn zum Erben. Borodin war ein Wunderkind. Er interessierte sich bald für Musik und erlernte Flöte, Klavier und Cello. Mit zehn begann seine Leidenschaft für Chemie, was ihn nicht daran hinderte, mit dreizehn das *Concerto pour flûte et piano* und das *Trio pour deux violons et violoncelle* zu komponieren.

Seine Mutter heiratete später einen Militärarzt, der darauf pochte, dass der Junge ebenfalls Arzt wird.

Schließlich lenkte dieser ein und schloss sich mit fünfzehn der Akademie für Medizin an. Zum Glück ging er auch weiterhin seiner Musikleidenschaft nach und trat der Gruppe der Fünf bei, die Musiker mit ebenso ungewöhnlichen Lebensläufen gegründet hatten: der Mathematiker Mili Balakirew, der Professor für Befestigungswesen an der Ingenieurschule César Cui, der Militäroffizier Modest Mussorgski und das Mitglied der Kaiserlichen Russischen Marine Nikolai Rimski-Korsakow. Die Gruppe der Fünf gilt heute als Begründerin der wahren russischen Nationalmusik.

Borodin kümmerte sich nicht allzu gern um Patientinnen und Patienten, aber sein Interesse für die Chemie machte ihn zu einem bedeutenden Forscher. Seine Entdeckungen in der organischen Chemie wie die der Aldolkondensation (bei der sich Kohlenstoffatome miteinander verbinden) sind beachtlich, und sein Name ist noch mit einer weiteren Reaktion verbunden, der Hunsdiecker-Borodin-Reaktion, deren detaillierte Erklärung uns allerdings zu weit von der Musik entfernen würde.

Borodin sah sich selbst als »Sonntagskomponisten«, dennoch hinterließ er mit *Fürst Igor* eine bedeutende Oper, dazu drei Sinfonien, zwei Streichquartette und weitere Werke der Kammermusik.

Die perfekte Kombination aus Arzt und Musiker: Albert Schweitzer

Der Elsässer Albert Schweitzer war nicht nur Arzt, Pfarrer, evangelischer Theologe und Philosoph, sondern auch Musiker, um genauer zu sein: Organist. Er gilt als Wegbereiter für die humanitäre Hilfe, die Ökologie und die nukleare Abrüstung. 1953 wurde ihm der Friedensnobelpreis verliehen.

Schweitzer kümmerte sich um bedürftige Menschen in Afrika, sah sich selbst vor allem aber als Musiker, der begeistert war vom Werk Johann Sebastian Bachs. Ihm widmete er eine detaillierte musikwissenschaftliche Arbeit auf Französisch: *Jean-Sébastien Bach, le musicien-poète*. Er gab über 500 Orgelkonzerte, machte 70 Tonbandaufnahmen und beteiligte sich am internationalen Regelwerk für den Bau von Orgeln.

Schweitzer ist vielleicht das beste Beispiel für die Verschmelzung von Medizin, Musik und Menschlichkeit. Seine Kritiker befanden, er spiele Bach zu langsam, doch vielleicht tat er es, um die mathematische Komplexität des Werks, die musikalische Essenz, hervorzuheben. Schweitzer, der dem Leben tiefen Respekt zollte, zeigte, dass die medizinische Versorgung durch einen Arzt und die Versorgung von Seele und Herz durch die Musik miteinander verbunden sind.

David Saint-Jacques: Arzt, Ingenieur, Astrophysiker, Astronaut und Musiker

Vor einigen Jahren habe ich für den TV-Sender Radio-Canada zu meiner großen Freude den Astronauten und Musiker David Saint-Jacques porträtiert. Ihr denkt vielleicht eher an Chris Hadfield, der bekannt wurde, weil er *Space Oddity* von David Bowie an Bord der internationalen Raumstation gespielt hat. Doch David Saint-Jacques war nicht nur Astronaut, sondern auch Arzt und übte seinen Beruf in einer der herausforderndsten und feindlichsten Gegenden des Landes aus: im hohen Norden von Québec. Nur wenige Menschen auf diesem Planeten sind zugleich Arzt, Ingenieur, Astrophysiker und Astronaut.

Als ich David Saint-Jacques in seinem Haus traf, führte er mich in ein Zimmer, in das er sich von Zeit zu Zeit zurückzieht. Er griff zu einer Schachtel und holte eine Shakuhachi-Flöte heraus, ein Instrument, das ursprünglich aus China stammt und im 6. Jahrhundert nach Japan gelangt war. Saint-Jacques zeigte sein breites Lächeln, dann kniete er sich auf den Teppich, schloss die Augen, um sich zu konzentrieren, und setzte schließlich den Bambus an den Mund. Er blies sanft, um eine angenehme Melodie zu spielen. Ich schaute ihm fasziniert zu, war allerdings nicht weiter überrascht, noch einen Arzt zu sehen, der ein Instrument spielt.

Die Shakuhachi ist Teil einer zenbuddhistischen Lebensweise wie dem SuiZen, einer Flötenmeditation als Kunst der ganzheitlichen Selbstverwirklichung. Eigentlich ist sie das Hauptinstrument in rituellen buddhistischen Gesängen. Der Astrophysiker hatte die Shakuhachi entdeckt, als er in Japan Teleskope mit modernster Ausstattung versah. Die Flöte zu spielen, verleiht ihm seinen inneren Frieden, wenn ihm die Arbeit zu anstrengend wird.

Zur Verbindung zwischen Musik und Medizin sagte er mir Folgendes: »Musik ist nichts Abstraktes, sondern etwas sehr Physiologisches, das tief in uns verwurzelt ist, auf das wir mit allem reagieren. Mit Musik lassen sich auch Gefühle kraftvoll ausdrücken und Stimmungen beeinflussen. Sie zählt zu den schönsten Tätigkeiten des menschlichen Organismus!« Er bedauerte es, die Flöte nicht öfter zu spielen. Wenn die Persönlichkeit eines Menschen die Wahl des Instruments bestimmt, so scheint mir, dass die Güte dieses Mannes und die Sanftheit der Flöte bestens zueinanderpassen.

Musik und Medizin bedeuten beide Dienen und Heilen

Während der musikalischen Ausbildung werden bestimmte Fähigkeiten immer besser: das Hören, die Konzentration, das Zusammenarbeiten und die

Empathie – sofern sie in der Gruppe stattfindet –, die Liebe fürs Detail, die fast zur Besessenheit wird, und das Streben nach Exzellenz. Dieselben Kompetenzen werden auch in der medizinischen Ausbildung und der späteren Praxis gefordert. So viele Ärztinnen und Ärzte spielen ein Instrument, dass in den letzten Jahren immer mehr Ärzteorchester gebildet wurden. Etwas, das unter Ingenieuren, Buchhalterinnen und in anderen Berufsgruppen eher selten ist. Hervorzuheben sind das European Doctors Orchestra, das Orchestre Symphonique des Médecins de France und das weltumspannende World Doctors Orchestra. Ins Leben gerufen wurde Letzteres vom deutschen Kardiologen Stefan Willich, der das Orchester leitet. Es besteht aus über 1000 Ärztinnen und Ärzten aus der ganzen Welt, weshalb für Konzerte immer mindestens 100 von ihnen verfügbar sind.

Auch in Montréal gibt es mit dem I Medici di McGill Orchestra ein Orchester für klassische Musik, das sich im Wesentlichen aus Ärztinnen und Ärzten, Studierenden der Medizin und in der Medizin Forschenden zusammensetzt. Ein Mitglied ist die Allgemeinärztin Johanne Thibaudeau. Als sie sechs Jahre alt war, begann sie, Klavier zu spielen, und als sie an die Medizinische Fakultät ging, kam die Geige dazu. Medizin und Musik verfolgen für sie dasselbe Ziel: anderen zu dienen und sie zu heilen.

Etliche Ärztinnen und Ärzte behaupten, ihre musikalische Begeisterung komme von ihrer Leidenschaft für einen anstrengenden Beruf, der viel Konzentration verlange. Auch in dieser Hinsicht ähneln einander Ärzte und Musikerinnen.

Zum Abschluss dieses Kapitels möchte ich noch einmal auf den Menschen zurückkommen, der mich vor 40 Jahren auf das »musikalische Gehirn«

aufmerksam gemacht hat: den französischen Arzt Patrick L'Échevin. Am Ende von *Musique et médecine* schreibt er:

> In zwanzig Jahrhunderten der Geschichte haben wir diverse Verbindungen zwischen der Musik und der Medizin gesehen. Sie existieren bis heute, entwickeln und verfeinern sich und lassen sich gegenseitig an ihren Fortschritten teilhaben.[8]

40 Jahre später erweisen sich seine Worte als wahr und vorausschauend.

HIRNNAHRUNG

Zum Hören

— *Cœur, poème symphonique pour chœur et orchestre* von Gilles Bellemare (Komposition) und François Reeves (Textbuch), Orchestre symphonique de Laval, 2016: www.youtube.com/watch?v=8SYKOg63KBI (15.5.2024)

Ein Ausschnitt, der Albert Schweitzer in Günsbach an der Orgel zeigt:
— www.youtube.com/watch?v=sKAfgYJen6E (15.5.2024)

Zum Lesen

Ein Buch, das über die Verbindungen zwischen Musik und Medizin aufklärt und mich als jungen Studenten nachhaltig beeindruckt hat:
— Patrick L'Échevin: *Musique et médecine*, Stock, Paris 1981.

Das Abenteuer von Musik und Medizin erzählt mit zahlreichen Details:
— Patrice Pinet: *Les musiciens, la maladie et la médecine: De Guillaume de Machaut à Béla Bartók*, L'Harmattan, Paris 2017.
— Eckart Altenmüller und Susanne Rode-Breymann (Hg.): *Krankheiten großer Musiker und Musikerinnen: Reflexionen am Schnittpunkt von Musikwissenschaft und Medizin* (Ligaturen 4), Olms Verlag, Hildesheim 2009.

MUSIKTHERAPIE: EINE SICH ÖFFNENDE TÜR

Musik verfügt über die Kraft der Resilienz, weil sie vergangene Emotionen wieder hervorbringen kann und eine Neugestaltung ermöglicht mithilfe von Gesang und verbundenen Erinnerungen.

Boris Cyrulnik[9]

Als die Musiktherapeutin Micheline L'Espérance behutsam den Gemeinschaftssaal des Montréaler Institut universitaire de gériatrie betrat, saß dort bereits seit einigen Minuten still und reglos ein Dutzend Patientinnen und Patienten in unterschiedlichen Stadien von Demenz. Mit der Gitarre in der Hand und einem Lächeln im Gesicht stimmte sie ein Lied an. Sofort war der Raum von ihrer Stimme und ihrem Instrument erfüllt. Augen gingen auf, Köpfe reckten sich, und einige fingen sogar an zu lächeln. Die Musiktherapeutin ging in die Mitte des Raumes. Kurz darauf richteten sich die Menschen auf, und das »Wunder« nahm seinen Lauf. Diejenigen, die scheinbar für immer zu Bewegungslosigkeit und Stille verdammt waren, fingen an zu singen, zu tanzen, zu reden.

Ich habe es miterlebt, und ich muss sagen, dass es sehr bewegend war. Doch Musiktherapie bewirkt keine Heilung, und so verstummten die Patientinnen und Patienten wieder, sobald L'Espérance aufhörte,

Gitarre zu spielen. Sie setzten sich wieder auf ihre Stühle und kehrten in ihre bedrückende Stille zurück.

Mit einer professionell durchgeführten Musiktherapie lassen sich heutzutage Alzheimer-Symptome wie Stress, Paranoia, Verwirrung und Unruhe reduzieren. Wie ist das zu erklären?

Wie Musiktherapie bei Alzheimer wirkt

Alzheimer ist eine Demenzerkrankung, die unheilbar und unumkehrbar ist und immer weiter voranschreitet. Der deutsche Arzt Alois Alzheimer hat sie 1906 beschrieben. Heute wissen wir, dass sie durch Hirnverletzungen hervorgerufen werden kann, durch Ablagerungen von Beta-Amyloid, sogenannten senilen Plaques, oder auch durch eine strukturelle Rückbildung im Inneren von Gehirnzellen, die als neurofibrilläre Degeneration bezeichnet wird.

Sobald sich die ersten senilen Plaques bilden, zeigen Betroffene Anzeichen für Vergesslichkeit und Amnesie, die von kleineren Unachtsamkeiten und Schwierigkeiten bei der Koordination einfacher Aufgaben begleitet werden. Erinnerungen, die weiter zurückreichen, bleiben hingegen intakt.

Die Plaques breiten sich mit der Zeit im präfrontalen und temporoparietalen Kortex aus, also in den Regionen, in denen Entscheidungen getroffen werden und die Sprache sitzt. Schreitet die Krankheit voran, zeigen sich eine zunehmende Verwirrtheit, Reizbarkeit und Aggressivität. Später erreichen die Plaques auch tiefer liegende Strukturen des Gehirns wie den Hippocampus, in dem sich das Langzeitgedächtnis befindet. Sobald die Vitalfunktionen betroffen sind, sind die Würfel gefallen, der Mensch stirbt.

Doch gehörte und verarbeitete Musik hinterlässt in vielen Regionen des Gehirns für eine lange Zeit Spuren. Der verstorbene New Yorker Neurologe, Forscher und Autor Oliver Sacks sah darin, wie viele andere auch, einen großen Vorteil für die Entwicklung einer wirksamen Therapie zur Behandlung von Alzheimer. Er schrieb ein Buch darüber, *Musicophilia* (*Der einarmige Pianist*), das zum Bestseller wurde und dessen Adaptation als Dokumentarfilm um die Welt ging.

Wie viele andere Forschende stellte er fest, dass mehrere Gehirnregionen aktiv sind, wenn ein Instrument gespielt wird. Besonders gute Resultate werden erreicht, wenn den Patientinnen und Patienten Lieder vorspielt werden, die sie in ihrer Jugend besonders gern gehört haben. Das lässt sich dadurch erklären, dass diese Lieder den Hippocampus und weitere Regionen des Gedächtnisses aktivieren, die wiederum Wörter und Erinnerungen hervorbringen.

Noch immer unheilbar

2014 hatte ich die Ehre, einen Demenzgipfel in Ottawa zu moderieren. Der britische Premier David Cameron hatte ihn anberaumt, um einen internationalen Aktionsplan gegen die Krankheit, die sich in beunruhigendem Ausmaß verbreitet hat, zu erarbeiten.

Die Kosten von Alzheimer belaufen sich auf jährlich etwa 700 Milliarden Euro. Diese astronomische Summe berücksichtigt die direkten und die indirekten Kosten der Behandlung der Krankheit, doch nicht, wie sehr sie sich auf die Gesellschaft auswirkt und wie stark sie diejenigen belastet, die Betroffene aus der Familie und dem näheren Umfeld pflegen.

Während des zweitägigen Gipfels hörte ich zu, wie Hunderte aus der Forschung, der Verwaltung und der Pharmaindustrie verkündeten, es fehlten die Ansatzpunkte zur Erprobung neuer Medikamente. Und tatsächlich scheint bis heute kein einziges Medikament bei den Ursachen von Alzheimer anzusetzen.

Die Krankheit schreitet ungestört fort auf ihrem langsamen Weg zur Amnesie, auf die der Tod folgt.

Ich möchte an dieser Stelle den kanadischen Forscher Yves Joanette erwähnen, den ehemaligen Leiter des World Dementia Council, der alles dafür tut, die treibenden Kräfte der Grundlagenforschung zusammenzubringen, und unerbittlich an einer Lösung für das Problem arbeitet. Während des Gipfels wurde festgelegt, dass bis 2020 eine wirksame Behandlung der Krankheit vorliegen soll. Die Frist ist mittlerweile verstrichen.

Musiktherapie bei Parkinson

Wie wir bereits gehört haben, sind Musik und Körper eng miteinander verbunden. Weil Parkinson, diese furchtbare neurodegenerative Erkrankung, nur die Motorik angreift, untersuchen Forschende wie Jessica Grahn vom Center for Brain and Mind der Western University in Ontario, ob die Motorik mithilfe von Musiktherapie so lange wie möglich erhalten und trainiert werden kann.

Grahn fand heraus, dass Menschen, die von Parkinson betroffen sind, Probleme damit haben, Rhythmus zu erkennen. Tatsächlich spricht Musik auch die Basalganglien an, also Kerne im Zentrum des Gehirns, die unter anderem gewährleisten, dass bewusste Bewegungen flüssig sind. Sie stehen auch in Verbindung mit dem Tourette-Syndrom und Chorea Huntington.

Wo Musiktherapie ansetzt

Damit Musiktherapie wirksam sein kann, muss sie professionell durchgeführt werden. Nach einer universitären Ausbildung ist eine Musiktherapeutin mit Techniken ausgestattet, mit denen sie bei ihren Patienten die kognitiven Funktionen, die motorischen und sozialen Fähigkeiten, die Lebensqualität oder auch das emotionale Gleichgewicht steigern kann.

Musiktherapie ist im Allgemeinen entweder passiv – wenn Musik, die für eine spezielle Wirkung ausgewählt wurde, gehört wird – oder aktiv – wenn während einer individuellen Therapiesitzung oder in der Gruppe erst ein Instrument gespielt, getanzt oder Musik gehört wird, um anschließend darüber zu diskutieren. Es gibt bereits verschiedene Ansätze, die sich aus musikalischen Methoden ableiten. Sie wurden im Laufe des letzten Jahrhunderts von namhaften Musikern und Komponisten beschrieben.

Mehr als *Carmina Burana*

Der Deutsche Carl Orff, der die bekannten und imposanten *Carmina Burana* für Chor und Orchester komponiert hat, entwickelte eine Methode, mit der Musik spielerisch vermittelt wird, was viel Raum für Improvisation lässt und es jedem Menschen erlaubt, dem eigenen Rhythmus zu folgen.

Mit seinem Ansatz kann Musik durch Erfahrung erkundet werden. Die zum Einsatz kommenden Instrumente – Xylofone, Marimbas, Schlaginstrumente – bauen auf Rhythmus auf, dem Kernelement der Musik. Seine Methode ist dank der Orff-Verbände in verschiedenen Ländern weit verbreitet, darunter auch in Kanada, Deutschland, Österreich und der Schweiz.

Orffs Methode passte zu dem, was in der Musiktherapie angestrebt wurde, weil sie die Koordination, die Geschicklichkeit und die Konzentration verbesserte. Somit wurde sie zu einem Teil der Musiktherapie für viele Menschen, die körperlich oder geistig eingeschränkt sind. Sogar Menschen, die Schwierigkeiten haben zu hören, spüren die Vibrationen der Instrumente. Und blinde Menschen oder Menschen mit geschwächtem Sehvermögen, denen es aufgrund

zugrunde. Doch Zoltán Kodály war mehr als nur Komponist und Musikethnologe, er war auch Linguist, Philosoph und Pädagoge. Er hinterließ etwas von großer Bedeutung: die Kodály-Methode, die 2016 von der UNESCO in die Liste des Immateriellen Kulturerbes aufgenommen wurde.

Er setzte an der Musikausbildung junger Ungarn in den 1920er- und 1930er-Jahren an, die in einem kläglichen Zustand war. Er fand Anregungen in zahlreichen Methoden wie der von Jaques-Dalcroze zu Bewegung und Rhythmus. Seine Stärke lag darin, diese Methoden wirksam miteinander zu kombinieren. Rhythmus wird wahrgenommen, in rhythmische Silben zerlegt und dann in Begleitung von rhythmischen Bewegungen gesungen.

Die Besonderheit seiner Pädagogik besteht darin, Tonsilben mithilfe der Hände darzustellen, was sich als sehr effizient erwies. Sogar Steven Spielberg stellte in seinem Film *Unheimliche Begegnung der dritten Art* die Kommunikation mit Außerirdischen auf diese Weise dar.

Letztlich bereiteten Orff, Jaques-Dalcroze und Kodály den Weg für eine neue Betrachtung der Verbindung zwischen Musik, Gehirn und Körper. Mithilfe ihrer Methoden wollten sie die Art, wie auf klangliche Reize reagiert werden kann, erweitern, um diese Reaktionsmöglichkeiten besser in Therapien zu integrieren. Ihre Ansätze erweisen sich heute als überaus relevant. Sie erweitern die Stimulierung um rhythmische Bewegungen und stimmliche Komponenten wie Tonsilben, Melodien und Musikalität und festigen dadurch die Regionen im Gehirn, die für die Musikwahrnehmung wichtig sind. Einem kranken Körper nutzen nur die Methoden, die verbessern, wie Musik wahrgenommen und dargeboten wird.

Verdienste der Musiktherapie bei Frühchen und Jugendlichen

Musiktherapie gibt es heute überall auf der Welt und für jede Altersgruppe. Sie wird sogar für Babys direkt auf der Frühchenstation angeboten, um in einer ruhigen und entspannten Umgebung das Stillen, Atmen und Schlucken zu stimulieren.

Bei Kindern wird Musiktherapie hauptsächlich zur Rehabilitation der Sensomotorik, der Kognition oder der Kommunikation angewendet. Auch nach einem Schlaganfall kann musikalischer Rhythmus die Rehabilitation fördern. Und Gesang kann positiv wirken bei Krankheiten, die das Atmen und Sprechen erschweren, zum Beispiel im Fall von Aphasie.

Musiktherapie gibt es auch für Jugendliche mit emotionalen Störungen. Eine Metaanalyse von Christian Gold von der Griegakademiet (zu Ehren des Komponisten Edvard Grieg) der Universität Bergen ergab, dass die Wirksamkeit von Musiktherapie sowohl bei Kindern als auch bei Jugendlichen mit einer Verhaltens- oder emotionalen Störung messbar ist. Je nach Anzahl der musiktherapeutischen Sitzungen zeigt sich eine Verbesserung der Symptome.

Zudem lässt sich ein Hype der Musiktherapie bei Kindern im Autismus-Spektrum beobachten. Hier ist die Therapie weniger Medikament denn Mittel zur Verbesserung der Kommunikation und der Lebensqualität des Kindes.

Kann Musiktherapie noch mehr leisten? 2017 veröffentlichte Gold eine Studie, in der er deren positive Wirkung bei 364 vier- bis sechsjährigen Kindern im Autismus-Spektrum aus neun Ländern maß, eine in der Forschung zur Musiktherapie ziemlich beeindruckende Kohorte. Er unterteilte die teilnehmenden Kinder in zwei Gruppen, wobei die erste Musiktherapie erhielt und die zweite nicht. Es ist wichtig zu erwähnen, dass es sich dabei um eine aktive Musiktherapie handelte, die sich über fünf Monate erstreckte, in denen die Kinder mit Instrumenten improvisierten. Gold stellte in dieser Zeit keine signifikante Verbesserung der Symptome fest, weder in der ersten noch in der zweiten Gruppe. Allerdings versicherte er, dass die Musiktherapie dennoch ihren Platz habe. Es brauche noch weitere Untersuchungen, über längere Zeiträume und mit einer größeren Kohorte, bevor sich ein abschließendes Urteil über die positive Wirkung von Musiktherapie bei Kindern im Autismus-Spektrum fällen lasse. Golds Analyse zufolge sollte Musik vor allem den Kindern angeboten werden, die sich dafür interessieren oder deren Ausdrucksvermögen eingeschränkt ist. Wenn Musik dazu beiträgt, ihre Lebensqualität zu steigern, ist damit schon viel gewonnen.

Herzkrankheiten

Auf dem Gebiet der Kardiologie herrscht zunehmend Einigkeit darüber, dass der klassische Ansatz der Schulmedizin (Medikamente und chirurgische Eingriffe) nicht alles ist. Manche Kardiologinnen und Kardiologen sind einem umfassenderen Ansatz gegenüber aufgeschlossen, der mithilfe von Meditation, Akupunktur oder auch Musiktherapie das Risiko für weitere Herzinfarkte mindern möchte.

Kardiovaskulär erkrankte Menschen sind während der gesamten medizinischen Behandlung enormem Stress ausgesetzt, von der Diagnose über die Hospitalisierung bis hin zur Operation; sie haben Angst zu sterben und zweifeln an einer Genesung. 2013 zogen die Ärzte und Epidemiologinnen von Cochrane – einer Gruppe, die weltweit für ihre umfangreichen Sichtungen wissenschaftlicher Forschungen bekannt ist – eine Bilanz aus den Studien zur Musiktherapie bei Menschen mit einer Herzerkrankung. Sie stellten fest, dass das Hören von Musik gegen die Angst der Erkrankten wirkt, insbesondere bei denen, die einen Herzinfarkt erlitten hatten (der Effekt war sogar noch größer, wenn diese sich die Musik selbst ausgesucht hatten). Zudem stellten sie fest, dass sich Musik positiv auf den Blutdruck und den Herzrhythmus, auf Schlaf und Schmerzen auswirkt. Allerdings ist der klinische Effekt momentan nicht aussagekräftig genug, da die Anzahl der Studien – 26 mit insgesamt 1369 Teilnehmenden – nicht ausreicht und Fehler in den Ergebnissen möglich sind.

Schlaganfälle

Es gibt zwei Arten von Schlaganfällen: den ischämischen infolge eines Blutmangels in einer bestimmten Gehirnregion und den hämorrhagischen infolge eines geplatzten Blutgefäßes. Bei Überlebenden eines Schlaganfalls ist das Gehirn häufig schwer geschädigt. Das kann unter anderem zu einer halbseitigen Lähmung führen oder zu einem Verlust des Sprach-, Erinnerungs- oder Fortbewegungsvermögens. Einige erholen sich davon, andere nicht, und die Reha ist oft langwierig. In mehreren Studien zeigt sich der Erfolg von Rehas, bei denen sowohl konventionelle Therapien als auch Musiktherapie eingesetzt werden. In der Kombination fördert Musik die Rückkehr der Flexibilität und der Mobilität der Glieder und die Verbesserung der Psyche.

In einer weiteren umfangreichen Sichtung wissenschaftlicher Veröffentlichungen, die Cochrane 2017 durchgeführt hat, wurden an die 30 klinische Studien ausgewertet. Sie zeigten, dass Musiktherapie die Körperhaltung verbessert, die Synchronisierung der Bewegungen, das Sprechen und die Kommunikation wie auch die Lebensqualität allgemein. Laut

Cochrane braucht es noch mehr Studien, bevor klinische Empfehlungen ausgesprochen werden können, doch die Ergebnisse sind vielversprechend.

Musiktherapie und ein verwirrtes Gehirn

2012 beeinflusste der US-amerikanische Dokumentarfilm *Alive Inside: Musik gegen Demenz* die Art, wie Musik unter anderem zur Therapierung von Alzheimer eingesetzt wurde. Über elf Millionen Menschen sahen im Internet den berühmten Ausschnitt, in dem ein Alzheimerpatient während eines Liedes aus seiner Jugend – einem Song von Cab Calloway – zum Leben erwacht. Der Film förderte Programme wie Music and Memory in den USA, Kanada und Europa. Das Programm gibt iPods mit vorausgewählten Playlists an Patientinnen und Patienten ab. Das ist noch lange keine von echten Expertinnen und Experten strukturierte Musiktherapie, dennoch machen an die 100 Heime und Krankenhäuser alten Menschen ein Musikangebot in einer Umgebung, die kaum Anregungen und kulturelle Aktivitäten bietet. Den therapeutischen Erfolg gilt es noch zu bestätigen.

Musik gewinnt auch in der Therapierung gewisser neurologischer Störungen bei Erwachsenen an Bedeutung, allerdings empfiehlt es sich, sich behutsam vorzutasten, bevor ihr eine ähnliche Wirksamkeit zugeschrieben wird wie der klassischen Behandlung.

Bei Schizophrenie, Depression oder posttraumatischen Belastungsstörungen erlaubt die Anzahl der Studien zur Musiktherapie noch keine Messung einer nachhaltigen Wirkung. Es braucht erst noch umfangreichere Untersuchungen, bevor sich feststellen lässt, ob Musik diesen Patientinnen und Patienten helfen kann. Doch die Bedeutung von Musiktherapie ist in der Lebensqualität erkrankter Menschen zu spüren, und sie sollte in bestehenden Behandlungen als Ergänzung gesehen werden.

Die Geschichte der Musiktherapie

Musiktherapie gibt es seit mindestens zwei Jahrtausenden, sie geht zurück bis in die Antike. Apollon ist im Olymp ein wichtiger Gott, er gilt als Gott der Musik und Patron der Musiker. Musiker spielten in der damaligen griechischen Gesellschaft eine große Rolle. Musik diente nicht einfach nur zur Unterhaltung, sie half den Menschen auch, Leid und Elend zu ertragen.

Platon sagte, Musik beeinflusse die Gefühle und sogar den Charakter eines Menschen. Aristoteles vertrat dieselbe Ansicht und ergänzte noch, Musik habe die Macht, Gefühle zu reinigen. Und Hippokrates trug seinen geisteskranken Patienten Musik vor, um sie zu behandeln.

Der Islam und Musiktherapie

Der therapeutische Einsatz von Musik ist nicht nur in der griechischen Kultur üblich. Im 13. Jahrhundert gab es in der arabischen Welt mehrere Krankenhäuser, die für ihre Patientinnen und Patienten einen Musikraum bereithielten. Diese Einrichtung geht zurück auf die Theorien der großen Denker al-Fārābī, Rhazes und Avicenna. In der islamischen Welt war zu Beginn der großen kosmischen Schöpfung ein Wort und ein Ton, *kü l kök*. An dieser Stelle ist festzuhalten, dass die Ansichten darüber, wie die Welt entstanden ist, auseinander gehen. Die Astrophysik vertritt, wie wir wissen, die These des Big Bang.

Den Gelehrten al-Fārābī – einen der herausragendsten Denker des 10. Jahrhunderts und in der westlichen Welt besser bekannt als Alpharabius – fesselte die Musik. In seiner Schrift *Kitāb al-Mūsīqā al-kabīr* (*Das große Buch der Musik*) sprach er von den kosmischen Qualitäten dieser Kunst und ihrer Wirkung auf den Menschen. Und in seiner *Lehre vom Intellekt* beschrieb er zahlreiche Effekte einer Musiktherapie auf die Seele.

Zudem ist bekannt, dass in den frühen Jahren des Islams in Nordafrika und im Mittleren Osten Musiktherapie zum Einsatz kam. In Fès, Bagdad, Kairo, Damaskus oder Aleppo wurden für geisteskranke Patienten Asyle gebaut. Sie erhielten dort medizinische Versorgung, wurden gebadet und mit Musik therapiert. Jeden Tag traten Chöre und Orchester für sie auf.

Zur selben Zeit im Westen

Dieser Exkurs zum Islam ist überaus faszinierend und erinnert uns daran, dass Musik über kulturelle Grenzen hinweg in Therapien eingesetzt wird. In der westlichen Welt wurde das therapeutische Potenzial von Musik ab dem 17. Jahrhundert erkannt, analysiert und angewendet.

Der englische Gelehrte Robert Burton ist für sein 1621 erschienenes Buch *The Anatomy of Melancholy* bekannt. Wie wir wissen, galt Melancholie damals als Krankheit des Gemüts – heute würden wir des Geistes sagen, denn es handelte sich um eine Depression –, deren Ursache zu viel »schwarze Galle« war.

Burton bezieht in sein eindrucksvolles 900 Seiten starkes Werk das gesamte medizinische Wissen seiner Zeit und der Griechen mit ein, um zu zeigen, dass Musik und Tanz therapeutische Werkzeuge sind, die zur Behandlung von Melancholie dazugehören sollten. Er merkte aber an, dass es auf die Wahl der Musik ankomme, denn wo manche Lieder die Melancholie linderten, könnten andere zu leichter Melancholie führen.

Das Nervensystem als Bindeglied zwischen Körper und Geist

Als Anatomen und Ärzte im 18. Jahrhundert verstanden, dass Körper und Geist durch das Nervensystem verbunden sind, war die Musiktherapie geboren. Etliche Bücher wurden verfasst, in denen es als selbstverständlich galt, dass Musik die Nerven beruhige und darüber hinaus sogar eine Störung des Stoffwechsels beheben könne. Das bekannteste Buch ist *Der musikalische Arzt* von Peter Lichtenthal aus dem Jahr 1807. Auch er war ein Arzt, der zugleich Musiker und Komponist war – und dazu noch mit der Familie Mozart persönlich bekannt. Er empfahl zur Stimulierung der Nerven und zur Verbesserung der Gesundheit eine spezifische »Dosis Musik«.

Der Hauptauslöser für die Entwicklung der Musiktherapie im 20. Jahrhundert fiel in die Zeit der beiden Weltkriege. Tatsächlich wurde Musiktherapie in Militärkrankenhäusern immer beliebter. Die US-amerikanische Armee hält für ihre Soldatinnen und Soldaten noch heute ein umfangreiches musiktherapeutisches Programm bereit.

Musiktherapie hat in einer ganzheitlichen Medizin, in der eine Krankheit als komplexes Ganzes betrachtet wird und nicht nur als Störung eines der Organe, einen mehr als berechtigten Platz.

HIRNNAHRUNG

Zum Hören

Der NOVA-Dokumentarfilm *Musical Minds* über
Der einarmige Pianist von Oliver Sacks, Public Broadcasting Service, PBS, 2009:

- www.pbs.org/wgbh/nova/musicminds/about.html (15.5.2024)
- Michael Rossato-Bennett: *Alive Inside: Musik gegen Demenz*, Projector Media und The Shelley and Donald Rubin Foundation, 2012: www.aliveinside.us/#alive-inside-theater (15.5.2024)

Zum Lesen

Ein Buch, das Musiktherapie populär gemacht hat:

- Oliver Sacks: *Der einarmige Pianist. Über Musik und das Gehirn*, übersetzt von Hainer Kober, Rowohlt, Reinbek bei Hamburg 2008.

Ein Standardwerk auf Französisch zum Thema:

- Richard Forestier: *Tout savoir sur la musicothérapie*, Favre, Lausanne 2011.

Ein Buch einer anerkannten Québecer Musiktherapeutin:

- Guylaine Vaillancourt: *Musique, musicothérapie et développement de l'enfant*, De l'Hôpital Sainte-Justine, Montréal 2005.

Und auf Deutsch:

- Hans Ulrich Schmidt, Thomas Stegemann und Carsten Spitzer (Hg.): *Musiktherapie bei psychischen und psychosomatischen Störungen*, Urban & Fischer Verlag/Elsevier GmbH, München 2019.
- Günther Bernatzky und Gunter Kreutz (Hg.): *Musik und Medizin. Chancen für Therapie, Prävention und Bildung*, Springer, Berlin 2015.

MUSIK IN UNSEREN GENEN

In gewisser Weise ist unser genetisches Erbe nichts anderes als ein Gedächtnis. Das in unseren Körper eingeschriebene Gedächtnis unserer Stammesgeschichte.

Jean-Christophe Grangé [10]

Als ich das erste Mal am Klavier saß, war das ein sehr freudiger Moment. Ich ließ spontan meine Finger die Elfenbeintasten erkunden und meine Ohren jeden Notenwert. Auch wenn ich noch keine Technik kannte, wollte ich etwas spielen, das von mir kam.

Dieser Hang zum Improvisieren sorgte dafür, dass ich die Repertoirestücke zur großen Verzweiflung meiner Lehrerin kaum übte. Auch heute geht es mir noch so, dass ich lieber etwas spiele, zu dem mich meine Gedanken und Gefühle inspirieren, als die komponierte Musik anderer.

Mein Großvater war ein talentierter Improvisator am Klavier. Bei Familienabenden setzte er sich gern an das Instrument und spielte stundenlang bekannte Stücke, eigene Melodien oder improvisierte ausgehend von Volksliedern. Sein Wissen und seine Leidenschaft gab er allerdings nicht an seine Söhne weiter. Mein Vater bekam keinen Musikunterricht, er musste die Musik für sich allein entdecken.

Habe ich mein Improvisationstalent vielleicht von meinem Großvater, den ich nie habe spielen hören? Sind wir vielleicht durch die Gene – oder sogar durch epigenetische Veränderungen – für Musik veranlagt?

Erste Hinweise

Auch wenn wir fast alle Musik wahrnehmen und selbst erzeugen können, unterscheiden sich diese Fähigkeiten doch von Mensch zu Mensch. Dies, darüber sind sich Wissenschaftlerinnen und Wissenschaftler einig, hängt von einem Mix aus Umweltfaktoren und genetischen Faktoren ab.

In den letzten 20 Jahren wurden eifrig Gene identifiziert, die für Krankheiten verantwortlich sind. Die Erforschung der Gene, die mit Musik in Verbindung stehen, hinkt jedoch hinterher; es gibt sogar mehr Arbeiten auf dem Gebiet der Sprache. Wahrscheinlich haben die nötigen Sachkenntnisse zur Wahrnehmung und zum Spielen von Musik mehr als nur einen Genetiker abgeschreckt: Es sind mehrere Bereiche des Gehirns involviert, und wie diese Bereiche funktionieren, kann von zahlreichen Genen abhängen. Dennoch konnten in aktuellen Studien Abschnitte bestimmter Chromosomen lokalisiert werden, die beim Hören oder Spielen von Musik beteiligt sind. Das reicht aber nicht aus, um auf genaue Gene zu schließen.

Wir alle tragen einen genetischen Rucksack mit 46 Chromosomen und um die 20 000 bis 40 000 Genen. Es ist enorm schwer, Gene zu identifizieren, die hinter einem Talent, einer Hochbegabung oder der Wahrnehmung stecken, da mehrere Gehirnregionen beteiligt sind. Es ist sogar sicher, dass zahlreiche Gene gleichzeitig am Werk sind, wenn wir Musik hören oder welche machen.

Derzeit wird angenommen, dass gewisse Abschnitte von Chromosom 4 beteiligt sind. Beim absoluten Gehör – der Fähigkeit bestimmter Menschen, eine Note ohne Weiteres zu identifizieren – wird vermutet, es lasse sich durch bestimmte Abschnitte des Chromosoms 8 erklären. Und nicht zu vergessen: Das musikalische Gedächtnis wird einem besonderen Gen zugeschrieben, dem SLC6A4 auf dem Chromosom 17, während das Gen AVPR1A auf Chromosom 12 am Werk ist, wenn wir Musik wahrnehmen, uns an sie erinnern oder sie hören. Es braucht aber noch viele weitere Studien, um diese Annahmen zu bestätigen und andere involvierte Abschnitte des Erbguts zu isolieren.

Einige Forschende vertreten die philosophische Theorie, der Ausdruck unserer Gene sei mit dem der Musik vergleichbar und unsere DNA quasi die Partitur des Lebendigen.

Musik der Gene

Ich vergnügte mich oft am Klavier, während ich an das Konzept von einer »Musik der Gene« dachte. Wir wissen, wie die Desoxyribonukleinsäure, kurz DNA, aufgebaut ist: eine Doppelhelix aus vier Molekülen, die einen Code bilden. Die Moleküle sind Nukleinbasen – Adenin, Thymin, Guanin und Cytosin –, deren Anfangsbuchstaben das genetische Alphabet eines jeden Lebewesens darstellen: Eine chemische Verbindung entsteht zwischen A und T sowie zwischen G und C. Es sind immer diese Verbindungen in der DNA. Ein Gen ist ein langer Abschnitt mit Tausenden von diesen Basenpaaren, deren Kombinationsmöglichkeiten unendlich sind. Zum Beispiel: AAATCCAGCCCCTAA ...

Indem jedem dieser Buchstaben eine Note zugewiesen wird, ergibt sich der Anfang einer Melodie. Doch wenn G bis C das Intervall der Quarte darstellt, muss auch A bis T eine Quarte sein. Anschließend komponierte und improvisierte ich mit meinen vier

Noten. Nichts Außergewöhnliches. Das hat auch Bach am Ende seines Lebens mit den vier Buchstaben seines Nachnamens durchgespielt.

Die Musik der DNA und der Proteine

Ich dachte, ich hätte als Einziger die absurde Idee gehabt, Genetik und Musik zusammenzubringen, doch weit gefehlt! Andere Forschende trieben sie noch viel weiter. In der Genetik wird seit den 1970ern versucht, den vier Nukleinbasen und den über 20 proteinogenen Aminosäuren Noten zuzuweisen. Erst kürzlich wurden Partituren aus fehlerhaften Genen, die mit Krankheiten in Verbindung stehen, erstellt. Und Rie Takahashi, eine junge Forscherin an der University of California in Los Angeles und eine talentierte Pianistin, verwandelte Abschnitte der DNA in Musik.

Takahashi arbeitete ihr Konzept weiter aus. Zusammen mit dem Bioinformatiker Frank Pettit entwickelte sie einen Algorithmus, der nicht nur aus den Molekülen der DNA Musiknoten macht, sondern auch aus den Proteinen, die in der DNA kodiert sind. Gene2Music ist ein Algorithmus, der die Informationen irgendeines Gens buchstäblich in eine Notenabfolge übersetzt. Ein anderer Gedanke ist, Proteinen nicht nur einzelne Noten zuzuweisen, sondern Akkorde, also eine Gruppe von Tönen, die gleichzeitig erklingen. Takahashi verwandelte so das fehlerhafte Gen, das für Chorea Huntington verantwortlich ist, in Musik. Das beeindruckende Stück trägt den Titel *Huntington*. Diese Umwandlung ist für Takahashi von wissenschaftlichem Interesse, denn sie macht es möglich, Anomalien in den Nukleinbasen der DNA oder den proteinogenen Aminosäuren herauszuhören.

Der Onkologe Martin Staege von der Martin-Luther-Universität Halle-Wittenberg hat ebenfalls einen Algorithmus entwickelt, den GEMusicA. Staege verleiht Genen, die für verschiedene Arten von Krebs verantwortlich sind, erst einen musikalischen Ausdruck und vergleicht diesen dann im nächsten Schritt mit bekannten Melodien. Enthält die Melodie einen Fehler, verweist das darauf, dass ein Nukleotid nicht an seinem richtigen Platz ist.

In einer aktuellen Studie, in der das Aufspüren von Anomalien mithilfe von musikalischer Transformation mit der gewöhnlichen Analyse von Abschnitten verglichen wurde, erwies sich der musikalische Ansatz nicht unbedingt als vorteilhaft. Wissenschaftlerinnen und Wissenschaftler haben die freie Wahl zwischen beiden Methoden.

In gewisser Weise führt uns das zurück zum ersten Kapitel und der Astrophysik: Nachdem Wanda Díaz-Merced erblindet war, verwandelte sie elektromagnetische Signale in akustische, und Matt Russo machte mit exoplanetarischen Umlaufbahnen Musik. In all diesen Fällen zeigt sich uns etwas Allgemeingültiges über die Natur der Phänomene im Universum: Der Information, die dem Erbgut, den Galaxien und auch den Planeten ihre Struktur verleiht, wohnt eine Harmonie inne, wie sie auch in der Musik vorkommt. Und das bringt uns wieder zu der Harmonie der Sphären der griechischen Philosophen.

Ich kann nicht unerwähnt lassen, dass auf die Entdeckung der Verbindung zwischen Kunst und Wissenschaft sehr beliebte, wenn auch belanglose Versuche der Vermarktung folgten: Für ein paar Hundert Euro können wir eine Speichelprobe einschicken, anhand derer eine Firma das Erbgut entschlüsselt, Informationen über die wahre Herkunft ermittelt oder eine Liste zusammenstellt mit Genen, die zu bestimmten Krankheiten führen. Ein Unternehmen bietet sogar individuelle Musik an, einen eigenen Song, das Lied der eigenen DNA. Your DNA Song ist eine Firma, die ihre eigenen Algorithmen und die Arbeit von Komponistinnen oder Komponisten kombiniert, um den Liedern einen persönlichen Touch zu verleihen. Die Resultate sind eher konventionell, und die angebotenen Hörbeispiele verweisen auf New-Age. Das, und darauf bestehe ich, hat mit wissenschaftlicher Arbeit nichts zu tun.

Von der Genetik zur Epigenetik der Musik?

Einige Wissenschaftlerinnen und Wissenschaftler suchen noch nach den Genen der Musik, andere sprechen schon von der Epigenetik der Musik. Die Epigenetik ist noch relativ neu und findet gerade erst ihren Weg in die öffentliche Wahrnehmung. Sie beschäftigt sich mit den Abläufen der Zellteilung, die zu einer anderen Äußerung des Gens führen, ohne es grundlegend zu verändern. Im Klartext handelt es sich dabei um Veränderungen in der Umwelt, die beeinflussen, wie sich unsere Gene ausdrücken. Diese Veränderungen können an die Nachkommen weitergegeben werden. Mit der Epigenetik lässt sich erklären, wie besondere Eigenschaften entstehen und an nachfolgende Generationen vererbt werden, aber auch, wie wir sie verlieren können, selbst wenn wir sie geerbt haben. Während sich die klassische Genetik für die Erforschung der Gene interessiert, untersucht die Epigenetik, wie Zellen oder Organismen Gene nutzen oder nicht nutzen.

In der Natur beobachten Biologinnen und Biologen seit Langem epigenetische Veränderungen. Bei Bienen bestimmt die Ernährung darüber, ob eine Larve zur Arbeiterin oder zur Königin wird. Dabei sind die Gene dieselben. Und bei der Schildkröte schlüpft je nach Außentemperatur ein Männchen oder ein Weibchen aus dem Ei. Auch andere äußere

Faktoren wie Stress, Kontakt mit chemischen Produkten oder Krankheitserregern können Einfluss darauf nehmen, wie sich unsere Gene äußern.

Die Epigenetik als flinker und flexibler Mechanismus ergänzt die klassische Genetik, in der das A-T- und G-C-Gen-Alphabet durch natürliche Auslese modifiziert wird. Weil diese auf eine ganze Bevölkerung wirkt, dauert es nicht nur den Lebenszyklus eines einzigen Organismus, sondern mehrere Generationen. Natürliche Auslese findet statt, wenn Mutationen im Gencode die Funktion des Gens verändern, sodass das Gen es dem Individuum ermöglicht – oder nicht ermöglicht –, sich einer veränderten Umgebung anzupassen. Individuen mit einer sich anpassenden genetischen Modifizierung überleben, die ohne verschwinden.

Einige Forschende sprechen derzeit auch von einer »sozialen Epigenetik«, nach der eine gewisse Lebensweise, wie etwa ein Musikinstrument zu erlernen, sich darauf auswirkt, wie sich unsere Gene äußern. Dies ist wissenschaftlich aber noch nicht bewiesen.

Auf biochemischer Ebene entstehen epigenetische Veränderungen durch eine Reaktion, die als »Methylierung« bezeichnet wird, weil die Nukleinbase um ein Molekül, Methyl, ergänzt wird, während eine Zelle immer wieder gereizt wird, sodass sie die Art, wie sich ihr Erbgut äußert, verändert. Dieser Vorgang ist wohl umkehrbar. Welche Gene mit Musik zu tun haben, gilt es immer noch zu bestimmen. Eine interessante Forschung, die noch bevorsteht.

Um einen genauen Prozentsatz einer genetischen Beteiligung und einer Beteiligung der Umwelt an Talent oder musikalischen Fähigkeiten festzulegen, ist es zu früh. Noch behält das komplexe »musikalische Gehirn« seine Geheimnisse für sich. Doch die kommenden Jahre dürften zahlreiche erstaunliche Entdeckungen bringen.

Eins ist sicher: Das Lernen eines Instruments wirkt sich, wie wir gesehen haben, direkt und messbar auf unser Gehirn aus. Das Spielen eines Instruments fördert die Plastizität des Gehirns und verändert die Struktur und die Funktionen verschiedener bei Musik involvierter Gehirnregionen. Es wurden tatsächlich neuroanatomische Unterschiede festgestellt zwischen Menschen, die Musik machen, und solchen, die keine machen: In den Gehirnen der Musikmachenden wurde eine größere Anzahl von Neuronen und verbundenen Neuronen gemessen. Schließlich erweist sich Musik noch für die Neuroprotektion als nützlich, insbesondere gegen Schädigungen, die altersbedingt sind.

HIRNNAHRUNG

Zum Hören

Die französische Onlinedoku *Introduction à l'épigénétique* (mit englischen Untertiteln), Production Neuroacademia, Big Brand Brain – Creative Media, 2016:

— www.youtube.com/watch?v=jJygChR_QPc (15.5.2024)

Zum Lesen

Ein Artikel zu den Herausforderungen und Hoffnungen, die mit einer Genetik der Musik verbunden sind:

— Nicolas Donin: »La musique, objet génétique non identifié?«, in: *Littérature 178* (2/2015), S. 105–116: www.revues.armand-colin.com/lettres-langues/litterature/litterature-ndeg178-22015-genetique-chemins-creation/musique-objet-genetique-non-identifie (24.4.2024)

Zum besseren Verständnis der Epigenetik und ihres Einflusses:

— Nessy Carey: *The Epigenetics Revolution: How Modern Biology is Rewriting Our Understanding of Genetics, Disease and Inheritance*, Icon Books, London 2012.

von Ängsten oder Depressionen schwerfällt, befreit zu atmen, lernen wieder, tief durchzuatmen, indem sie ihre Atmung an ihr Spiel anpassen.

Rhythmisch-musikalische Erziehung nach Jaques-Dalcroze

Mit dem Schweizer Émile Jaques-Dalcroze interessierte sich ein weiterer Komponist, Musiker und Pädagoge am Anfang des 20. Jahrhunderts für neue Formen des Musikunterrichts. Auch er wollte Rhythmus und Improvisation für seine Methode nutzen und ergänzte sie durch wichtige stimmliche Elemente und Elemente der Tonlehre. Er entwickelte die rhythmisch-musikalische Erziehung, ausgehend von einer der Grundlagen der ersten musikalischen Rituale: der Bewegung.

Seiner Meinung nach muss der Körper zu einem Instrument werden: Musik und Bewegung. Die Musik kommt aus dem Körper. Das beobachtete er bei seinen besten Schülern, die ihren Musikvortrag immer mit Gesten begleiteten. Also konzipierte Jaques-Dalcroze eine Reihe von Bewegungen und Positionen, die dem Musikspielenden dabei helfen sollten, die Musik und sein Spiel zu verknüpfen.

Seine Methode, die an namhaften Universitäten unterrichtet wird, hat dank der Bedeutung, die sie der Verbindung von Musik und Bewegung einräumt, einen großen Einfluss in der Musiktherapie.

Die Kodály-Methode

Ungarn hat im 20. Jahrhundert gleich zwei bedeutende Komponisten hervorgebracht: Béla Bartók und Zoltán Kodály. Sie wurden zu engen Freunden und begannen, traditionelle ungarische Volkslieder zu sammeln. Ihre geteilte Leidenschaft für die Schönheit dieser Art von Musik liegt ihren Werken

TIERE UND MUSIK

Manche Tiere bekommen von Musik nie genug. Holzpferde zum Beispiel.

Pierre Doris

Ist es anmaßend zu glauben, dass der Homo sapiens die Musik erfunden hat? Können wir uns da sicher sein? Wie verhält es sich dann mit dem Gesang von Vögeln und Walen? Ist er Sprache oder Musik? Oder vielleicht beides?

Die Musik der Tiere

Es gibt das Fachgebiet der Zoomusikologie. Es untersucht den musikalischen Aspekt der klanglichen Kommunikation unter Tieren. Wobei Kommunikation definiert wird als Austausch von Tönen, die bei uns Menschen Empathie auslösen. Nur wenige Biologen stimmen dem zu, anders ist es unter Philosophinnen, Musikethnologen, Musikerinnen und Komponisten, die sich auf ein Buch mit Kultstatus berufen: *Musique, mythe, nature ou les dauphins d'Arion*. Verfasst hat es 1983 der französische Komponist François-Bernard Mâche. Dieser zeitgenössische Musiker war ein Schüler von Olivier Messiaen, einem bedeutenden Komponisten, bekannt für seine Leidenschaft für Vogelgesänge, die er in mehreren seiner Werke verwendete. Mâche spricht in seinem Buch von einer Rückkehr zu einer Musik, die auf mythischen Gedanken aufbaut, und von einer Verwendung von Tiergesängen nicht als bloße Referenz oder Ausgangspunkt, sondern als eigener musikalischer Stoff. Tierlaute werden hier als Kunstwerke betrachtet. Für die Musik ist es ein interessanter Ansatz, für die Wissenschaft trägt er nur wenig bei. Trotzdem erkundeten etliche Forschende, Biologinnen und Ethnologen diese Welt aus einem Blickwinkel der Kommunikation und der Sprache.

Tonfolgen als Mittel der Kommunikation

Unsere eigene Musikkultur spielt uns Streiche. Wir empfinden Gesänge von Vögeln als musikalisch. Das akustische Signal reist, wie wir gesehen haben, durch unser limbisches System, durch die Amygdala, und ruft dabei Gefühle hervor. Wir wollen systematisch der Musik eine Bedeutung geben.

Tiere wollen jedoch nicht musizieren, sondern kommunizieren. Ihr Gesang hat mehr mit Sprache gemein, die das Überleben sichert, als mit Kunst. Im Tierreich verwenden viele Arten Tonfolgen, mit denen sie die Ankunft eines Räubers ankündigen, eine Bedrohung signalisieren, ihren Aufbruch anzeigen oder ihre Paarungsbereitschaft mitteilen. Jedes Signal klingt anders: schrilles Geschrei, Gebell, Pfeifen, Töne, die wir als Gesang wahrnehmen.

Die menschliche Sprache gibt uns die Werkzeuge mit, um auch die Sprache der Tiere zu verstehen. Laut der Linguistik bauen Sprachen auf sogenannten Sprachuniversalien auf. Diese können sein: die Reihenfolge der Wörter oder auch syntaktische Struktur, die zeitliche Organisation der Rede, subtile sprachliche Klangmotive und schließlich die Tonhöhen und Betonungen des Gesagten. Theoretiker wie der Linguist Noam Chomsky nehmen diese Elemente als Komponenten einer Universalgrammatik wahr, die uns als angeborene Mechanismen im Gehirn den Spracherwerb erleichtern.

Die Universalgrammatik der Vögel

Am Centre de recherche sur le cerveau, le langage et la musique an der Mcgill University in Montréal interessieren sich Forschende für die Universalgrammatik und dafür, ob es sie auch bei Tieren, vor allem bei Vögeln, gibt. Sie versuchen, sie zu charakterisieren, um Parallelen zu unserer eigenen Universalgrammatik herzustellen.

Der Biologe Jon Sakata führte ein bedeutsames Experiment mit Zebrafinken durch. Diese hübschen kleinen Vögel mit ihrem roten Schnabel verwenden verschiedene Klangfiguren, die jedem Vertreter dieser Art bekannt sind. Zebrafinken lernen etwa so Singen, wie wir Menschen das Sprechen lernen. Die Forschungsgruppe um Sakata wollte herausfinden, ob die Gesangsausbildung dieser Vögel biologisch veranlagt ist. Also spielte sie ausgewählten jungen Zebrafinken in Gefangenschaft kurze Gesänge vor, die aus fünf akustischen Elementen bestanden. Anschließend variierten sie diese und reihten sie ganz zufällig aneinander. Trotz der vielen unterschiedlichen »Gesänge« reproduzierten die Vögelchen nur diejenigen, die auch bei erwachsenen, in freier Wildbahn aufgewachsenen Zebrafinken zu hören waren. Ist das der Beweis dafür, dass Sprachuniversalien unserem Gehirn eingeschrieben sind? Wie die frei lebenden Vögel beendeten die Jungen aus dem Laborversuch den Gesang mit einem tiefen kräftigen »Distanzschrei«. Am Anfang und in der Mitte ihres Gesangs waren die Töne kürzer und höher, so wie bei ihren Artgenossen im Wald. Also haben sie für bestimmte, für die Kommunikation mit ihrer Art notwendige, musikalische Motive eine Veranlagung.

Zebrafinken sind nicht in der Lage zu improvisieren oder eine Melodie zu komponieren, wie wir Menschen es mit unserer Stimme tun, da das Vogelgehirn – trotz seiner Komplexität – letztlich nicht über die Strukturen verfügt, die eine musikalische Ausdrucksfreiheit erlauben. Darüber hinaus mangelt es den Tieren, die Klangsignale verwenden – Vögeln, Meeressäugern, Primaten –, an etwas, das einer Kommunikation mit Musik innewohnt: einem Gefühl für Rhythmus.

Tieren fehlt der Rhythmus

Im Tierreich wird nur selten geswingt. Es gibt aber ein paar berühmte Ausnahmen. Über sechs Millionen Menschen sahen auf YouTube dem Gelbhaubenkakadu Snowball dabei zu, wie er souverän zu einem animierenden Song der Backstreet Boys tanzte. Der Bonobo Kanzi vom Zoo in Atlanta hielt für die Biologin Patricia Gray von der University of North Carolina den Rhythmus. Darüber hinaus ist er dafür bekannt, auf verschiedene Sprachen zu reagieren. Und dann gibt es da noch den berühmten Popmusiker Peter Gabriel, der zusammen mit Affen musizierte und dabei sogar ein paar rhythmisch einheitliche Momente und einige richtig ausgeführte Noten erlebt hat. Doch das sind alles Einzelfälle.

Für die wissenschaftliche Community ist das Prinzip des »Rhythmustrainings« – das Vermögen eines Organismus, einen äußeren Rhythmus aufzunehmen – im Tierreich im Großen und Ganzen nicht ausreichend entwickelt ... außer beim Menschen. Doch auch bei den Kindern des Homo sapiens ist das Rhythmusgefühl nicht von Geburt an vorhanden. Er entwickelt sich erst im Alter von vier Jahren. Das ist ein entscheidender Moment, denn erst dann zeigen Kinder, ob sie sich auf andere einlassen und somit

Teil einer Gruppe sein können, ob sie zur Sozialisierung fähig sind und an Musikfesten ihre Freude haben. Wenn sie erwachsen sind, zeigt sich ihr Rhythmusvermögen beim Tanzen, der ultimativen Synchronisierung von Musik, Rhythmus und Bewegung, die auf einen evolutionären Vorteil hindeutet, der den sozialen Zusammenhalt fördert.

Die Schönheit von Walgesängen

1970 erschien ein Album namens *Songs of the Humpback Whale* mit Gesängen von Buckelwalen, die der US-amerikanische Biologe Roger Payne aufgenommen hatte. Er machte die »Musik der Meere« mit ihren sehnsüchtigen und bezaubernden Melodien weltweit bekannt. Für Meeressäuger – ob Wale, Delfine oder Gewöhnliche Schweinswale – ist die Kommunikation durch Klänge überlebenswichtig. Andere Sinne wie das Sehen oder das Riechen erweisen sich im Wasser als relativ ineffizient, wohingegen Klänge im Wasser etwa viermal schneller unterwegs sind als in der Luft. Also wurde das Gehör der Säugetiere im Laufe der Evolution immer besser, und sie entwickelten einen Mechanismus, der ihnen komplexe Koloraturen ermöglichte.

Am bekanntesten dafür sind Buckelwale. Über den Zweck ihrer Gesänge gibt es mehrere Theorien. Am meisten Zustimmung findet die der Partnersuche, da es meistens die Männchen sind, die singen, auch wenn sie es manchmal außerhalb der Paarungszeit tun. Ein Männchen gibt über eine Dauer von mehreren Sekunden eine Folge von individuellen Lauten von sich. Die Frequenzen bewegen sich in einem ähnlichen Bereich wie bei uns Menschen, das heißt zwischen 20 und 24 000 Hz (das Maximum liegt bei uns Menschen bei 20 000 Hz).

Jede »Note« kann in ihrer Frequenz, Amplitude

und Lautstärke modulieren. Eine etwa zehnsekündige Phrase kann vier bis sechs Noten umfassen, und zwei Phrasen können eine Melodie bilden. Diese vertikale Hierarchie aus in Teilsätzen gebündelten Noten und Sätzen ist um einiges komplexer als der lineare Gesang von Vögeln und unserer Sprache ähnlich. Zahlreiche Wissenschaftlerinnen und Wissenschaftler erachten es allerdings als schwierig, wenn nicht sogar unmöglich, herauszufinden, ob Wale manchmal auch nur zum Vergnügen singen. Die Frage bleibt offen.

Reagieren Tiere auf unsere Musik?

Eines schönen Morgens im Jahr 1837 beschloss Charles Darwin, in den Londoner Zoo zu gehen. Er wollte einen Menschenaffen sehen. Im Zoo wurde ihm Jenny, ein weiblicher Orang-Utan, vorgestellt. Darwin beobachtete sie erst eingehend, dann holte er seine Mundharmonika heraus und spielte ihr etwas vor. Sie reagierte nicht. Der zugleich enttäuschte und neugierige Naturforscher gab ihr das Instrument. Jenny führte es sich an den Mund und versuchte, Töne zu erzeugen. Vergeblich. Dennoch hat ihr Verhalten Darwin derart begeistert, dass er ihr in *The Descent of Man* ganze zehn Seiten widmet, wenn es um den Platz der Musik in der Evolution geht. Zu seinen wichtigsten Schlussfolgerungen zählt, dass Tiere kein Talent für Musik haben und dass der Mensch, bevor er sprach, über Musik kommunizierte, um zu verführen, und zwar zum Zweck der Fortpflanzung.

In einigen Studien wurde untersucht, wie gewisse Tiere auf unsere Musik reagieren, unter anderem mit Tamarinen. Forschende von der University of Wisconsin verwendeten dafür eine Musik, der sie subtil Laute kleiner Krallenaffen untergemischt hatten, die diese von sich geben, wenn sie sich sozial verhalten, zum Beispiel, wenn sie ihre Gruppe vor Gefahr warnen wollen. Die Tamarinen reagierten auf diese menschengemachte Musik – allerdings nicht, wenn diese Ergänzungen fehlten.

Ein japanisches Forschungsteam spielte seinen überspannten Laborratten Mozarts *Divertimento in D-Dur*, KV 205, vor. Während der Musik senkte sich deren Blutdruck. Diesen Effekt führt das Team auf den hochfrequenten Bereich zwischen 4000 und 16 000 Hz zurück. Sie gehen davon aus, dass dabei wie bei uns Menschen Dopamin ausgeschüttet wird. Doch können wir daraus schließen, dass uns diese Frequenzen, also die in Mozarts Musik, unser Dopamin verschaffen? Das zumindest glaubt das japanische Forschungsteam.

Was ich bestätigen kann, ist, dass eine emotionale Dimension in der Kommunikation von Tieren existiert, die in der Evolution bis zum Menschen erhalten geblieben ist.

Die Klarinette des Philosophen David Rothenberg

Es ist nicht möglich, über die Verbindung zwischen Musik und Tieren zu sprechen, ohne den Mann zu erwähnen, der alles daransetzt, zu verstehen, wie in der belebten Welt aus der Anordnung von Tönen ein Mittel der Kommunikation werden konnte. David Rothenberg, ein Absolvent der Universitäten von Harvard und Boston, ist Musiker und Professor für Philosophie am New Jersey Institute of Technology. Seine Vorgehensweise ähnelt jener der Zoomusikologie. Bis heute hat er als Komponist und Klarinettist sechzehn Jazzalben veröffentlicht und mehrere Bücher über die Verbindung zwischen Musik und Tieren geschrieben.

Er hat Tausenden verschiedenen Tieren – Insekten, Vögeln, Walen – Klarinette vorgespielt, um auf diese Weise Kontakt aufzunehmen und in einen Dialog zu treten. Seine Erforschung von Vogelgesängen hat die BBC in einer Doku festgehalten. In seinem Buch *Survival of the Beautiful: Art, Science and Evolution* äußert Rothenberg die Vermutung, dass Evolution nicht nur bei überlebenswichtigen Eigenschaften Anwendung findet, sondern auch bei schönen Dingen. Er spricht von all der Pracht in der Natur und nimmt an, dass die Schönheit der Tiergesänge genauso wie die visuelle Erscheinung der Tiere in die Evolution eingreifen. Das Schöne ist seiner Meinung nach das Resultat von Anpassung.

Da der Mensch in der Evolution ganz oben steht, verwundert es nicht, dass er den Wunsch nach Kommunikation weiterverfolgt hat. Schon vor 100 000 Jahren erreichte das Gehirn des Menschen eine derartige Komplexität, dass die Töne, die er mit seiner Stimme erkundete, dort verschiedene Regionen anregten und seine Erfahrungen bereicherten, sowohl auf kognitiver als auch auf emotionaler Ebene. Der Mensch nutzte nicht nur seine Stimmbänder, er erfand auch unterschiedliche Arten von Melodie- und Schlaginstrumenten und erweiterte so sein Klangspektrum. Es gelang ihm, sich auf eine Art und Weise mit Klang auszudrücken, die kein anderes Tier nachahmen kann. Und damit war die Musik geboren.

HIRNNAHRUNG

Zum Hören

Zwei von Vogelgesängen inspirierte Musikstücke:

- *Le carnaval des animaux* von Camille Saint-Saëns (Komposition) und dem Kammermusikfest Lockenhaus (Interpretation), 2014: www.youtube.com/watch?v=9EQ6tSGG8O0 (15.5.2024)
- *Le Merle Bleu, Catalogue d'Oiseaux, Livre 1* von Olivier Messiaen (Komposition) und Yvonne Loriod (Klavier): www.youtube.com/watch?v=G6Izpdkjrhk (15.5.2024)

Ein Fest für Augen und Ohren mit Vögeln in der Hauptrolle:

- Der tanzende Gelbhaubenkakadu Snowball: www.youtube.com/watch?v=N7IZmRnAo6s (15.5.2024)
- Roger Payne: *Songs of the Humpback Whale*: www.youtube.com/watch?v=sjkxUA041nM (15.5.2024)
- Jon Sakata: *Do birdsong and human speech share biological roots?*, McGill University, Montréal 2017: www.youtube.com/watch?v=heMy6dlWvkQ (15.5.2024)
- David Rothenberg spielt Klarinette für Tiere: www.youtube.com/watch?v=egZrPZQjqSw (15.5.2024) www.youtube.com/watch?v=2wAgIRwq1Qk (15.5.2024)

DIE ZUKUNFT DES »MUSIKALISCHEN GEHIRNS«: VOM CYBORG BIS ZUR KÜNSTLICHEN INTELLIGENZ

Heute kann man mit Computern Musik machen, aber der Computer hat im Kopf der Komponisten schon immer existiert.

Milan Kundera[11]

Die Zukunft, die sich durch die digitale Entwicklung abzeichnet, droht unser Verhältnis zur Musik und sogar unser »musikalisches Gehirn« für immer zu verändern. Die Zeit, in der wir gemeinsam Musik gehört haben, um zusammenzukommen und die Gemeinschaft zu stärken, scheint Vergangenheit zu sein.

Während wir im 20. Jahrhundert Musik allein oder im Freundes- und Familienkreis in den eigenen vier Wänden über die Stereoanlage hörten, veränderte das Internet unseren Musikkonsum radikal. Es lässt sich nicht leugnen, dass es uns in unserer Songauswahl beeinflusst.

Mit Kopfhörern auf dem Kopf befinden wir uns in unserer eigenen Blase, versorgen unsere Ohren und unser Gehirn mit passender Musik, ob wir uns mitten auf einer überfüllten Straße im Zentrum einer Millionenstadt befinden, in 10 000 Metern Höhe in einem Flieger über dem Pazifik oder allein in einem stillen Wald im hohen Norden. Infolgedessen wird Musik immer mehr zur Nebensache. Inzwischen können wir alles hören, egal, ob zeitgenössische Musik oder Musik, die davon weit entfernt ist.

An die Stelle von Ritualen, die die Menschen zusammenbrachten, trat eine ganze Reihe von individuellen Bedürfnissen: sich erholen, nachdenken, sich die Zeit vertreiben, sich allein abreagieren, meditieren oder einfach nur Spaß haben. Die neue Art des Musikhörens bedroht den Fortbestand von Musik. Unser Musikkonsum nimmt zwar weltweit zu, doch der Paradigmenwechsel stellt die gesellschaftliche Rolle von Musik, die sie lange Zeit in unseren Kulturen einnahm, auf die Probe.

Die Revolution betrifft selbst die Produktion von Musik. Nach ersten Trommeln aus gespannter Haut, Flöten aus Knochen, der Erfindung von Klavier, Orgel und Streichinstrumenten befinden wir uns mitten im digitalen Zeitalter. Ich entwerfe Musik zusammen mit Komponistinnen und Komponisten, deren Rechner voll mit umfangreichen Tondatenbanken und virtuellen Instrumenten sind, sodass die Kombinationsmöglichkeiten quasi unendlich sind. So wird digitale Musik zu einer echten Illusion, die unser Gehirn glauben macht, es höre ein Sinfonieorchester, doch in Wahrheit handelt es sich um künstlich erzeugte Musik.

Elektroakustische Musik, Musique concrète und Electro

Die Erfindung des Transistors und der Magnetaufzeichnung sowie die Nutzung elektromagnetischer Wellen zur Zeit des Zweiten Weltkriegs stellten die Musikwelt auf den Kopf. Sie ermöglichten die Produktion von Tönen ganz ohne Instrumente und brachten eine neue Klangwelt hervor. Kurz nach dem Zweiten Weltkrieg begannen Komponisten wie Pierre Schaeffer in Frankreich oder Karlheinz Stockhausen in Deutschland, um nur die bekanntesten zu nennen, mit diesen Klängen zu experimentieren, und schufen eine Musik, die unser Gehirn zuvor noch nie wahrgenommen hatte.

Während Schaeffer in Paris die sogenannte »konkrete Musik« erschuf, führte Stockhausen in Köln die »elektroakustische Musik« ein. Beides sind Formen Zeitgenössischer Musik, sie sind experimentierfreudig und bewegen sich außerhalb des gängigen Tonsystems. Sie enthalten nicht unbedingt die uns bekannten, für westliche Musik typischen Elemente. Gewohnte Melodien, Harmonien und Rhythmen sind stark verändert, die musikalischen Vorlagen zerstört. Das musikalische Gedächtnis, das wir untersucht haben, reagiert anders auf die neuen Reize. Dessen war sich Schaeffer wohl bewusst, und er dachte über die musikalische Wahrnehmung dessen nach, was er als »Klangobjekte« bezeichnete. In seinem *Traité des objets musicaux* behauptete er, dass diese neue Musik, wenn sie gehört werden sollte, letztlich so kodiert werden müsse, als wäre sie eine neue Sprache, und dass sie ausgehend von dem, was wir hören, ausgearbeitet und strukturiert werden müsse.

In den 1960ern und 1970ern erfanden Menschen wie Robert Moog das elektronische Piano und den Synthesizer, die auf das gängige Tonsystem zurückgriffen, und lösten eine weitere Revolution des Klangs in Rock, Jazz, Popmusik und Kino aus.

In den 1980ern kam noch der Sequenzer dazu. Mit dieser Innovation konnten alle möglichen Instrumente und künstlich erzeugten Töne, die über die universelle Sprache MIDI miteinander kommunizieren, digital nachgebildet werden. Diese Sprache besteht aus einem Kommunikationsprotokoll und einem Dateiformat, die für den Austausch zwischen elektronischen Instrumenten, Controllern, Sequenzern und Musiksoftware benutzt werden. Komponisten und Musikerinnen können nun unendlich viele

Töne erzeugen und mit etwas Arbeit und Inspiration Musik.

Dank neuester Entdeckungen in den Neurowissenschaften zur musikalischen Wahrnehmung lässt sich fragen, wie sich elektronische Musik in den Regionen des limbischen Systems, der Amygdala und den Regionen, die für Gefühle verantwortlich sind, auswirkt. Reagieren wir auf elektroakustische Klänge emotional? Wenn ja, wie? Wie für jede neue Form kommt es auf ihre Verbreitung an, sowohl innerhalb des Bildungssystems als auch in der Öffentlichkeit. Nur so wird sie gehört und in die allgemeine Kultur aufgenommen. Fest steht, dass es Zeitgenössische Musik, die mit neuen Klängen experimentiert, schwerer hat als die zugänglicheren Formen von Popmusik, Rock und Jazz.

Forschende im Bereich der Künstlichen Intelligenz (KI) meinen, dass es den Menschen im kreativen Prozess nicht mehr braucht. In meinem Beruf produziert KI bereits Reportagen ganz ohne Journalistinnen und Journalisten. Ein Drahtseilakt, der die menschliche Interaktion eliminiert, Vorortrecherche beseitigt und bestmögliche Texte erzeugt, die informativ sind und auf Fakten beruhen, etwa für die Wirtschaft. Allerdings auf Kosten von analytischer Tiefe, stilistischen Mitteln und dem Faktor Mensch. Wird es der Musik genauso ergehen?

Virtuelles Komponieren

Iamus ist ein Computer, der ohne den Menschen Musik komponiert. Gebaut haben ihn Ingenieure der Universidad de Málaga und die Firma Melomics. Er hat die Größe eines Schranks und sieht aus wie ein riesiges Gehirn in Schwarz und Rot. 2010 komponierte er sein *Opus 1,* das das London Symphony Orchestra anschließend auf CD aufnahm.

Melomics hat es sich zur Aufgabe gemacht, Musik zu verkaufen, die ausschließlich von Computern nach dem Geschmack der Kundschaft erschaffen wird. Kann diese Art von Musik wirklich unseren Nucleus accumbens, unsere Amygdala oder unseren Hippocampus entfachen und uns somit zu unserer Dosis Dopamin oder Cortisol verhelfen? Das bleibt abzuwarten. Immerhin belegen Studien, dass in den Charts die Lieder am erfolgreichsten sind, die das meiste Dopamin freisetzen. Dieses Rezept gilt es, in den Computer hineinzuschreiben: eine eingängige Melodie, ein animierender Rhythmus, eine einnehmende Harmonie und Klangstruktur.

2012 entwarf Iamus ein aktuelles Klavierstück, das Stile von Kompositionen aus dem 20. Jahrhundert kombinierte. Es trägt den Titel *Colossus*. In der Interpretation des Pianisten Gustavo Díaz-Jerez bekommt das Stück musikalische Tiefe durch Farben und Nuancen und etwas, das sich schwer fassen lässt. Gustavo Díaz-Jerez nimmt an, dass sein interpretatorischer Beitrag in Iamus einprogrammiert werden kann und dass dessen Kompositionen somit mehr und mehr »Seele« bekommen. Der menschliche Pianist könnte durch einen im Klavier installierten automatisierten ausführenden Mechanismus ersetzt werden – eine Technologie, die bereits existiert. Ich für meinen Teil finde *Colossus* in Ordnung, aber es fehlt ihm an Genialität.

Doch machen wir uns nichts vor, in ein paar Jahren werden weitere technologische Sprünge das Komponieren vollständig autonomisieren. Neue Formen von KI werden sicherlich ein spektakuläres und quasi menschliches Niveau an Kreativität erreichen.

Kreiert euer eigenes Lied!
Die Innovationen entwickeln sich in der Welt der klassischen und der Kunstmusik. Doch auch die Popmusik bleibt nicht verschont. Sony arbeitet aktiv an der Entwicklung des musikalischen Komponierens mittels KI. Die Sony Computer Science Laboratories entwickelten mit Flow Machines ein Tool, mit dem sich die Musik unserer Wahl komponieren lässt, und zwar genau nach unserem Geschmack.

In einem gemeinsamen Projekt mit der Pariser Université Pierre et Marie Curie schrieb der französische Komponist Benoît Carré den Text zu *Daddy's Car*. Anschließend wählte er in der Software als Stil »die Beatles«, und heraus kam ein relativ überzeugendes Ergebnis. Inzwischen stehen Musikschaffenden weitere Tools zur Verfügung, wie Amper Music, mit dem gewünschte Arrangements komponiert und produziert werden können. Bisher bedürfen sie noch einer Interaktion zwischen Komponistin, Künstler und KI, doch in den nächsten Jahren werden sie weiterentwickelt werden und eines Tages ohne den komponierenden Menschen auskommen.

Die Ankunft der KI im musikalischen Schaffen birgt das Risiko, den kreativen Prozess Komponierender, die die Musik stets innerhalb des gesellschaftlichen Kontexts weiterentwickeln, zu banalisieren. Indem wir die KI Erfolgssongs im luftleeren Raum produzieren lassen, ohne den kulturellen Input zu berücksichtigen, der sich durch musikalisches Experimentieren entwickelt, riskieren wir, dass dabei nur Hülsen herauskommen, sowohl auf kreativer als auch auf gesellschaftlicher Ebene.

Die Musik in uns: das Gehirn zum Singen bringen

Ich habe mehrfach elektromagnetische Wellen und Schall erwähnt und dass sie sich voneinander unterscheiden. Zahlreiche Forschende interessierten sich für die Umwandlung der einen Wellen in die anderen, unter anderem die Astrophysikerin Wanda Díaz-Merced, die gerne zuhört, wenn Supernovas explodieren.

Einige Forschende wollten genau dasselbe mit Hirnwellen machen, also mit Wellen, die durch die Aktivität im Gehirn entstehen. Die ersten Versuche, die »Musik des Gehirns« hörbar zu machen, gehen zurück in die 1970er-Jahre und erfolgten mithilfe unzureichender Technologien, die noch nicht so leistungsfähig und komplex waren wie die heutigen Apparate.

Stephen Whitmarsh forscht am Pariser Institut du Cerveau und kann zuverlässig elektromagnetische Signale des Gehirns in Schall umwandeln. Was solch ein Experiment hervorbringt, ist ziemlich erstaunlich: Eine Person, deren Kopf voller Elektroden ist, regt sich nicht und konzentriert sich; sie denkt nach, träumt vor sich hin; die Töne, die sich dabei ergeben, wirken wie aus einer anderen Welt.

Whitmarsh wollte eigentlich die verschiedenen Wach- und Aufmerksamkeitsphasen untersuchen, dabei entstand jedoch eine Schnittstelle zwischen Kunst und Wissenschaft, um die Musik in unserem Inneren zum Vorschein zu bringen. Zusammen mit Musikern, multidisziplinären Künstlerinnen und Neurowissenschaftlern erschuf er EEGsynth.org, ein öffentlich zugängliches Interface, um die Klänge des Gehirns und anderer Teile des Körpers – wie Muskeln und Herz – zu erforschen.

In einem seiner Experimente verwandelt er die Choreografie einer Tänzerin in Musik. Der Körper der Tänzerin ist mit Elektroden übersät. Jede ihrer Bewegungen erzeugt elektrische Signale, die von einem Computer in akustische Signale übertragen werden. Zu der Musik, die der tanzende Körper erzeugt, improvisieren auf Einladung von Whitmarsh Musikerinnen und Musiker.

Vom Gehirn zum Cyborg

Manche Forschende gehen noch einen Schritt weiter, als per KI Musik zu erschaffen oder die elektrischen Signale des menschlichen Körpers in Musik umzuwandeln. Sie lassen Mensch und Maschine wortwörtlich miteinander verschmelzen. Es handelt sich hierbei um Cyborgs, um kybernetische Lebewesen. Wir sind gerade dabei, digitale Technologien in uns zu integrieren. Denken wir an das Cochlea-Implantat, das hörgeschädigten Menschen das Hören erleichtert. Ebenfalls in die Richtung einer »Cyborgisierung« geht die Verwendung von Smartphone und Internet, da sie unsere Sinne und unsere Kognition erweitern.

Einer der ersten Cyborgs ist Steve Mann. Der gebürtige Torontoer hat am MIT an der University of Cambridge studiert. Schon den Großteil seines erwachsenen Lebens trägt er ein System zum erweiterten Sehen. Es besteht aus Kameras, die an seiner Brille angebracht und mit einem Computer verbunden sind, den er ständig dabeihat.

Mann weist das Cyborg-Etikett zurück. Er möchte lieber als Vater einer in den Körper integrierten Informatik wahrgenommen werden. Er sieht die Realität durch den Filter seiner Computerprogramme, die ihn mit allerlei Informationen zu seiner Umgebung versorgen. Er kann seine Wahrnehmung auch einschränken, indem er zum Beispiel jede Art von Werbung in seinem Sichtfeld blockiert.

Seit Manns Pionierarbeit wurden weitere junge Menschen zu Cyborgs, einige in den Bereichen Hören und Musik. In Barcelona formierte sich ein kleiner Kern von Forschenden, dem sich Neil Harbisson, ein irischer Pianist und Komponist, angeschlossen hat. Doch er ist kein Pianist wie andere. Er leidet seit seiner Geburt an einer ziemlich seltenen Krankheit, der Achromatopsie, durch die er Farben nicht wahrnehmen kann. Zu seinem Glück ist das Klavier schwarz und weiß. 2003 besuchte Harbisson einen Vortrag von Adam Montandon, einem Kybernetiker, der die Erweiterung der Sinneswahrnehmung erforscht. Das brachte ihn auf die Idee für den »Eyeborg«, eine in den Kopf implantierte Antenne, die die Farben in seinem Sichtfeld in Schall verwandelt. Es handelt sich dabei um mikrotonale Musik, also minimale Unterschiede in den Intervallen. Der Eyeborg kann Frequenzen von über 360 Farbtönen erkennen. Bei Violett zum Beispiel ist die Wellenlänge kurz und die Frequenz hoch, wohingegen die Frequenz bei roten Farbtönen niedrig ist. Die Sättigung der Farbe zeigt sich in der Lautstärke. Der Eyeborg kann sogar Infrarot und Ultraviolett akustisch darstellen.

Worin besteht die Verbindung von Gehirn und Musik? Harbisson macht mithilfe des Eyeborgs Musik. Er hat eine ganze Reihe von Liedern, sogenannte *Sound Portraits*, gemacht, indem er sich Gesichter anhörte. König Charles III., Woody Allen und Leonardo DiCaprio finden sich in seiner Liedersammlung. Dabei wurden die Farben und Farbnuancen verschiedener Gesichtspartien in Töne übersetzt. Das Lied entsteht aus einer Partitur mit 360 Linien, eine für jeden wahrgenommenen Farbton: ein wahres Klangkunstwerk des Gesichts.

Neil Harbisson definiert seine erweiterte Realität als »sonochromatisch«, er verfügt damit über einen zusätzlichen Sinn, der jede Farbe mit einem objektiven und gemeingültigen Ton assoziiert.

Die fesselnde Musik der Videospiele: ein neues Ritual des Zusammenkommens

Im Media Lab des MIT wurde erkannt, dass uns die Verschmelzung von Gehirn, Technologie und Musik bevorsteht. Die »Music, Mind and Machine«-Gruppe arbeitete unter anderem daran, aktuelle Audiotechnologien anzupassen, um Hörerlebnisse zu verbessern und Musik und virtuelle Erlebnisse in Videospielen, VR-Brillen und 3D-Videos intensiver miteinander zu verknüpfen. Dafür erwiesen sich das Verständnis unserer Wahrnehmung und die Musikkognition als Hilfe.

Video- und Onlinespiele boomen. 2024 erwirtschaftete die Branche einen Umsatz von über 246 Milliarden US-Dollar, für 2027 wird er auf 312 Milliarden US-Dollar geschätzt. Jede Person, die spielt, wird von den unglaublichen visuellen Welten und Herausforderungen in den Spielen berichten und auch von der fesselnden Musik.

Was die Musik angeht: Junge, verkannte und im Verborgenen arbeitende Komponistinnen und Komponisten setzen dabei auf mitreißende und sich wiederholende Melodien in einer elektronischen Orchestrierung, die sich über unzählige Spielgeräusche legt. Diese Melodien haben so viel Kraft, dass große Sinfonieorchester weltweit Konzertabende organisieren, auf denen sie Musik aus Videospielen spielen, womit sie ein neues und jüngeres Publikum ansprechen.

Karen Collins leitet den Lehrstuhl für interaktive Musikforschung an der University of Waterloo in Ontario. Für sie gehört zum musikalischen Gedächtnis die Klangwelt in Spielen dazu: Ihre starke emotionale Komponente spricht das limbische System der Spielenden an und sorgt für Gefühle der Belohnung und Freude, während sie den Anweisungen im Spiel folgen und Entscheidungen treffen.

Musik fügt sich in die virtuelle Welt ein, als kybernetische Verlängerung, die Spielende einnimmt und in eine Welt versinken lässt, die nicht wirklich existiert. Doch was unterscheidet diese Musik eigentlich von derjenigen in den Ritualen, die die Geschichte der Menschheit geprägt haben? In den letzten beiden Generationen wurden Videospiele selbst zu Ritualen, die Millionen junger Menschen weltweit am Bildschirm vereinen. Gewiss eine Flucht aus dem Alltag, ein Zustand der Trance, der uns an denjenigen erinnert, der durch Rhythmen und Gesänge hervorgerufen wurde, um Kriege, Götter oder Ernten zu feiern.

Was wird kommen?

Welche Welt der Musik erwartet uns? Ein kurzer Ausflug mit den Öffentlichen in die Stadt zeigt, dass Musik nicht mehr nur dazu dient, Menschen in Ritualen zusammenzubringen. Immer kleinere Elektrogeräte, Handys und Tablets, lösen Musik immer weiter auf. Wir hören Musik, wenn wir alleine sind, und erschaffen uns unsere eigene Musikwelt à la carte und nach Maß.

Bald werden VR-Brillen mit Kopfhörern unseren Alltag bestimmen; er wird immer mehr zu einer akustisch und visuell immersiven Welt, die sich sicherlich auch sehr auf unser Gehirn auswirken wird. Diese künstliche Welt wird in einem Sound erklingen, der, dafür wird die Branche sorgen, fesseln und bezaubern wird.

Wenn die Theorie von Musik als etwas, das uns zusammenbringt, weiterhin einleuchtet und Musik sich entwickelt hat, damit wir als Gesellschaft zusammenhalten, was wird dann aus den künftigen Generationen, in denen Musik für sich allein und bis zum Überdruss gehört wird? Wie wird sich das musikalische Gedächtnis verändern?

Manche sagen, wir stehen in der Revolution der Wahrnehmung, des Schaffens und der Darbietung von Musik am Scheideweg. Ich glaube das ebenfalls. Doch hoffen wir, dass es für Kunstschaffende, Interpretinnen und Musikfans auch in Zukunft noch einen Platz geben wird und dass wir eine Musikauswahl vor uns haben werden, die die Gesamtheit unseres musikalischen Erbes berücksichtigt: vom Rhythmus unserer Herzen bis zu den Liedern von der Erde.

HIRNNAHRUNG

Zum Hören

- Weltpremiere der Iamus-Sinfonie, komponiert vom Iamus-Computer, Dirigent: José Luis Estellés, Orquesta Filarmónica de Málaga, 2013: www.youtube.com/watch?v=PzrcoqpnZqA (15.5.2024)
- *Colossus*, ein Klavierstück von Iamus, am Klavier: Gustavo Díaz-Jerez, 2012: www.youtube.com/watch?v=yGrzzZupYVI (15.5.2024)
- Neil Harbisson: »I listen to Color«, TED Talks, 2012: www.youtube.com/watch?v=ygRNoieAnzI (15.5.2024)
- *Daddy's Car* von einer KI der Sony Computer Science Laboratories: www.youtube.com/watch?v=LSHZ_b05W7o (15.5.2024)

Zum Lesen

Um die Musikrevolution im 20. Jahrhundert zu verstehen:

- Pierre Schaeffer: *Traité des objets musicaux*, Du Seuil, Paris 1966.
- Pierre Schaeffer: *À la recherche d'une musique concrète*, Paris, Du Seuil, 1952.

Ein Buch auf Französisch, in dem ergründet wird, wie Vollautomatisierung und KI aufkamen und wie sie sich heute auswirken:

- Laurence Devillers: *Des robots et des hommes*, Plon, Paris 2017.

EPILOG: EINE UNVOLLENDETE SINFONIE

Gut spielen heißt noch nicht, daß man die Kunst beherrscht, Menschen zu rühren. Musik hat eine Seele, genau wie die Menschen. Die muß man auch hören ...

Herbjørg Wassmo[12]

Die Grenzen der Wissenschaft

In den vielen komplexen Windungen unseres Gehirns ist noch so viel zu entdecken. Im letzten Jahrhundert waren die Sprünge bemerkenswert, doch die Wissenschaft ist nur eine Möglichkeit zu verstehen, wie die Welt funktioniert. In der Wissenschaft bestehen die Pflicht und die Verantwortung, Dinge anzuzweifeln und zu hinterfragen. Die Wissenschaft erreicht nur selten das Ende. Ihre Wahrheiten von heute sind es im nächsten Jahrhundert vielleicht nicht mehr.

Einige Forschende auf dem Gebiet der Neurowissenschaften nahmen sich in den letzten Jahren bisherige Entdeckungen, angewandte Methoden und die vielen Schlussfolgerungen vor. Ist das Gehirn wirklich in unterschiedliche Regionen unterteilt, wenn es um die Analyse und die Rekonstruktion der Wirklichkeit geht? Wurden die Zentren für die Wahrnehmung und die Ausführung von Musik richtig bestimmt?

Musik als Modell für die Hirnforschung

Etliche Forschende, vor allem Psychologinnen und Psychiater, schlugen Alarm wegen der extremen Vereinfachung der Ergebnisse bildgebender Verfahren in der Medizin, die eigentlich erklären sollen, wie das Gehirn funktioniert. Das Buch *Brainwashed* der Psychiaterin Sally Satel und des Psychologen Scott O. Lilienfeld berichtet von einem berühmt gewordenen Experiment, bei dem ein noch lebender Lachs in einen funktionellen Magnetresonanztomografen gelegt wurde. Dort wurden ihm Bilder von menschlichen Gesichtern gezeigt. Der Tomograf zeigte aktive Gehirnregionen. Doch dann stellten die Forschenden fest, dass der arme Fisch tot war.

In einem interessanten Buch des Arztes Robert A. Burton, *A Skeptic's Guide to the Mind*, wird der Begriff »Neurodeterminismus« verwendet. Er besagt, dass durch Aktivitäten in gewissen Gehirnregionen bestimmte Krankheiten oder Verhaltensweisen erkannt werden können. Andere Phänomene wie das Geniekonzept und der Bewusstseinsbegriff sind zu komplex und zu multifaktoriell, um auf einen Mechanismus reduziert zu werden, der festgelegte Bereiche im Gehirn impliziert.

Mag sein. Doch wie es der Musikneurowissenschaftler Robert Zatorre so schön sagt, erweist sich Musik als nahezu perfektes Modell für das Verständnis des Gehirns. Ich habe versucht zu zeigen, dass es keinen Bereich im Gehirn gibt, der allein für die Musik zuständig ist; Musik aktiviert Regionen, die auch andere Funktionen haben. Die Entdeckungen von Zatorre und weiteren zeigen, wie komplex das Gehirn organisiert ist, wenn es Musik entschlüsselt. Inzwischen haben Wissenschaftlerinnen und Wissenschaftler auch die entscheidende Rolle von

Genen und Umwelt in der Beziehung zwischen uns und der Musik erkannt.

Die Zukunft gehört der Konnektomik

2013 hatte ich die Ehre und das Privileg, am Human Connectome Project teilzunehmen. Dabei handelt es sich um den ambitionierten Versuch der US-amerikanischen Gesundheitsbehörde National Institutes of Health, kurz NIH, die Verbindungen der verschiedenen Gehirnregionen zu kartografieren. Im Labor für biomedizinische Bildgebungsverfahren an der Harvard University in Boston lag ich eine Stunde lang in einem Gerät der neusten Neuroimaging-Generation, das Magnetresonanz durch Diffusion aufzeichnet.

Das Gerät ist sehr leistungsfähig und misst exakt die unterschiedlichen Wasserkonzentrationen im Gehirn. Das Bild, das dabei herauskommt, zeigt das Innere des menschlichen Gehirns als ein Wirrwarr aus Spaghetti: Zunächst sind da die weiter oben beschriebenen Regionen der grauen Substanz, die sich an der Oberfläche des Gehirns, unserem Kortex, befinden. Sie sind nicht voneinander isoliert, sondern über Bündel von Nervenfasern miteinander verbunden, die auch weiße Substanz genannt werden und aufgrund ihrer weißen Myelinhülle elektrische Signale ohne den Verlust von Energie und Geschwindigkeit weiterleiten. Die Magnetresonanz durch Diffusion verfolgt das Wasser in diesen Bündeln. Im Nachhinein wurde das Bild zur besseren Orientierung in all den Windungen koloriert.

Eines Tages werden wir ein genaues und endgültiges Bild von der Reise der Signale in die unterschiedlichen Regionen des musikalischen Gehirns haben. Für den Moment gibt es noch zu wenige dieser kostspieligen Geräte, um eine systematische

Recherche in allen Fachbereichen durchzuführen. Doch durch ihren intensiveren Einsatz ließe sich zeigen, wie graue und weiße Substanz verbunden sind und welchen Weg Musik durch unser Gehirn nimmt.

Wachsendes Interesse

2017 startete das NIH in den USA das Sound-Health-Projekt. Initiiert hat es einer der wichtigsten Forscher der USA, der Genetiker Francis Collins, der in den 1990ern mit seinem Projekt zur Sequenzierung des menschlichen Genoms bekannt wurde und der in seiner eigenen Band, The Affordable Rock 'n' Roll Act, singt und Gitarre spielt. Ziel von Sound Health ist es, die Erforschung der gesundheitsfördernden Wirkung von Musik bei der Entwicklung von Kindern, bei der Schmerzkontrolle, bei Alzheimer, bei Autismus-Spektrum-Störungen und auf weiteren Feldern anzukurbeln.

Das Projekt hat sich mit der bekannten Sopranistin Kathleen Battle und dem John F. Kennedy Center for the Performing Arts zusammengetan, um das Publikum und Entscheidungsträger für den therapeutischen Wert von Musik zu sensibilisieren. Solche Initiativen sind unentbehrlich, denn für die Entwicklung von wirksamen Musiktherapien braucht es noch wichtige Entdeckungen.

Viel eigene Erfahrung

Das vorliegende Buch ist das Ergebnis zahlreicher Überlegungen, die mich seit Jahren begleiten. Ich beschloss, sie mit dem Publikum zu teilen, in einer Mischung aus Vortrag und Konzert mit dem Titel *Le Piano à Paroles,* während einer von Musik geleiteten Reise durch das Gehirn. Ich improvisiere am Klavier und spiele bekannte Stücke, um das Publikum dazu zu bringen, nachzudenken, wie es Musik wahrnimmt, wie Musik funktioniert und welche Bedeutung sie in ihren Leben hat. Ihre Kommentare haben mich häufig gerührt. Nach der Darbietung stark atonaler und ziemlich brutaler Zeitgenössischer Musik vertraute mir eine Frau einmal an, dass sie das Stück an zarte innige Momente mit ihrem Kind erinnerte, als sie es wiegte. Wie auch immer die neuropsychologische Erklärung dafür aussehen mag, diese Aussage berührte mich sehr, da sie beweist, wie komplex das Gehirn und die Natur des Menschen sind. Musik bewegt uns und ruft ganz unerwartete Reaktionen in uns hervor; sie bedient sich an unserer Wahrnehmung und an unseren Erinnerungen und intimsten Momenten.

Ich nahm mit dem Musiker und Komponisten Pierre Bündock ein Album mit Klavier- und elektronischer Musik auf, das auf der Methode des spontanen Komponierens, also der Improvisation, aufbaute. Jedes Lied erzählt eine wissenschaftliche Geschichte, vom Schutz des Monarchfalters bis zur Suche nach außerirdischem Leben. Wir gaben uns unserem präfrontalen Kortex hin, der uns die Musik zu diesen großen Themen lieferte. Zu erfassen, was sich in diesen Momenten im Gehirn abspielt, ist ziemlich faszinierend. Ich hoffe, dass diese quasi ungreifbaren und zugleich kreativen Fähigkeiten weiterhin erforscht werden.

SCHLUSSBETRACHTUNG: DIE EIGENE MUSIK LEBEN

Die ersten Lebewesen nutzten verschiedene Mittel der Kommunikation, um ihr Überleben zu sichern. Das Aufkommen der Musik ist das Ergebnis eines langen Evolutionsprozesses.

Wir staunen über das kreative Genie des Homo sapiens, der wusste, wie die klanglichen Harmonien der Natur einzufangen, zu verstehen und zu nutzen sind.

Unser Gehirn ist bestens angepasst und ausgestattet, um die unendlichen Nuancen der Musik zu erfassen, es uns zu ermöglichen, ihren melodischen, harmonischen und rhythmischen Inhalt auszukosten und all die bedeutenden Gefühle darin abzubilden. Unser Bewusstsein fungiert in gewisser Weise als Dirigent, der alle Bereiche unseres Gehirns zusammenbringt, indem es die Musik, die über unsere Ohren hereingelangt, kontinuierlich weiterleitet. Wir wagen zu hoffen, dass die Sinfonie in unserem Gehirn der von außen kommenden Musik treu ist.

Denn Musik ist ein so komplexer wie vielschichtiger Reiz, dass sie unserem Gehirn einiges an Arbeit abverlangt, damit sie in all ihre Elemente zerlegt und anschließend ohne Unterbrechung und in Echtzeit wieder zusammengesetzt wird; eine bemerkenswerte Demonstration der Effizienz seiner elektrischen Aktivität. Das allein ist herausragend.

Jahrhunderte des Nachdenkens und Forschens von Wissenschaftlerinnen und Wissenschaftlern zeigten uns, dass Musik kein Rätsel ist, aber immer wieder neue Rätsel bereithält. Weil Musik so viele Gehirnregionen anregt, verändert sie uns. Die Sinfonie in unserem Gehirn ist eines der größten Wunderwerke der Natur.

Danksagung des Autors

Ich möchte meinem Verleger Raymond Lemieux danken. Er beharrte darauf, dass ich meine Leidenschaft für die Wissenschaft und die Musik in einem Buch vereine. Ich danke auch Prof. Isabelle Cossette vom CIRMMT an der McGill University, die mir zugehört und mich beraten hat. Im Buch erwähne ich immer wieder die Arbeit des BRAMS. Ich verdanke den beiden Gründern Isabelle Peretz und Robert Zatorre, die auf ihrem Gebiet einen entscheidenden Beitrag geleistet haben, sehr viel. Ich fand dort einen Sinn und Antworten auf meine Fragen. Mein großer Dank gilt auch denen, die meine erste Fassung gelesen haben: Claire Marchand, Alice Bundock, Nicole Ouellette, Suzanne Dionne und Line Gagnon.

Ich ziehe den Hut vor meinem Vater, der meiner jugendlichen Laune, Pianist werden zu wollen, standgehalten hat, weil ich weiß, dass ich in meiner Arbeit als Journalist und dem Vermitteln wissenschaftlicher und medizinischer Themen von größerem Nutzen war, als ich es als Musiker mit nicht allzu viel Talent hätte sein können. Schließlich danke ich meiner Ehefrau und Muse Claire Marchand, dass sie meine Verbissenheit während des Projekts ertragen hat, denn das Schreiben eines Buchs verlangt Hingabe.

Mein Dank geht auch an euch, liebe Leser und Leserinnen. Ich hoffe, dass euch diese Geschichte des Menschen, der Medizin und der Musik zu begeistern wusste.

Danksagung der Übersetzerin

Ich danke der Verlegerin Annette Beger für ihr erneutes Vertrauen und Patrick Schär für sein Lektorat. Ich danke dem Autor für das gemeinsame Abenteuer im Literaturhaus der Stadt Québec, wo wir Anfang März 2024 auch dank des kanadischen Verbands der Übersetzerinnen und Übersetzer ATTL-LTAC – und einer zusätzlichen finanziellen Unterstützung der Vertretung der Regierung von Québec bei den Reisekosten – gemeinsam an dem Projekt arbeiten konnten.

Und ich danke meiner Familie und allen, die ein offenes Ohr hatten, wenn ich nach einem Wort oder einer Formulierung gesucht habe.

Bibliografie

Roger Beaty: »The neuroscience of musical improvisation«, in: *Neuroscience and Biobehavioral Reviews* 51 (2015), S. 108–117.

Pierre Boulez, Jean-Pierre Changeux und Jean-Pierre Manoury: *Les neurones enchantés: Le cerveau et la musique,* Odile Jacob, Paris 2014.

Joke Bradt, Cheryl Dileo und Noah Potvin: »Music for Stress and Anxiety Reduction in Coronary Heart Disease Patients«, in: *The Cochrane Database of Systematic Reviews* 2013.

Robert Burton: *A Skeptic's Guide to the Mind: What Neuroscience Can and Cannot Tell Us About Ourselves,* St. Martin's Griffin, Stuttgart 2014.

Pierre Campo: *L'audition,* Ex Aequo, Plombières les bains 2016.

Nessy Carey: *The Epigenetics Revolution: How Modern Biology is Rewriting Our Understanding of Genetics, Disease and Inheritance,* Icon Books, London 2012.

Charles Darwin: *Die Abstammung des Menschen,* übersetzt von Heinrich Schmidt, Alfred Kröner Verlag, Stuttgart 2002.

Laurence Devillers: *Des robots et des hommes,* Plon, Paris 2017.

Nicolas Donin: *La musique, objet génétique non identifié?,* Armand Colin, Paris 2015.

Anders Eklund, Thomas E. Nichols und Hans Knutsson: »Cluster failure: Why fMRI inferences for spatial extent have inflated false-positive rates«, in: *Proceedings of the National Academy of Science* 113/28 (2016), S. 7900–7905.

Francis Eustache, Bernard Lechevalier und Hervé Platel: *Le cerveau musicien,* De Boeck Supérieur, Paris 2010.

Richard Forestier: *Tout savoir sur la musicothérapie,* Favre, Lausanne 2011.

Christian Gold, Martin Voracek und Tony Wigram: »Effects of music therapy for children and adolescents with psychopathology: a meta-analysis«, in: *Journal of Child Psychology and Psychiatry* 45 (2004), S. 1054–1063.

Christian Gold, Martin Voracek und Tony Wigram: »Predictors of change in music therapy with children and adolescents: the role of therapeutic techniques«, in: *Psychology and Psychotherapy: Theory, Research and Practice* 80, (2007), S. 57–589.

Stephen Jay Gould: *Eight Little Piggies. Reflections in Natural History*, Norton, New York 1993.

Andrzej Grzybowski und Jaroslaw Sak: »Antonio Scarpa (1752–1832)«, in: *Journal of Neurology* 260 (2013), S. 695 f.

Jorge E. Hachmeister: »An abbreviated History of the Ear: from Renaissance to Present«, in: *Yale Journal of Biology and Medicine* 76 (2003), S. 81–86.

Hermann von Helmholtz: *Die Lehre von den Tonempfindungen als physiologische Grundlage für die Theorie der Musik*, CK und Verlag von Friedrich Vieweg und Sohn, Braunschweig 1863.

Simone Jacquemard: *Pythagore et l'harmonie des sphères*, Du Seuil, Paris 2004.

Vladimir Jankélévitch: *Die Musik und das Unaussprechliche*, übersetzt von Ulrich Kunzmann, Suhrkamp, Berlin 2021.

Johannes Kepler: *Harmonices mundi*, Linz 1619.

Alexandre Koyré: *La révolution astronomique: Copernic, Kepler, Borelli*, Les Belles Lettres, Paris 1961.

Patrick L'Échevin: *Musique et médecine*, Stock musique, Paris 1981.

Pierre Lemarquis: *Sérénade pour un cerveau musicien*, Odile Jacob, Paris 2009.

Claude-Samuel Lévine und Sylvie Vauclair: *La Nouvelle Musique des Sphères*, Odile Jacob, Paris 2013.

Daniel J. Levitin: *De la note au cerveau*, De l'Homme, Montréal 2010.

Daniel J. Levitin: *This is Your Brain on Music: The Science of a Human Obsession*, Dutton, Penguin Group, New York 2006.

Wendy L. Magee, Imogen Clark, Jeanette Tamplin und Joke Bradt: »Music Interventions for acquired Brain Injury«, in: *The Cochrane Database of Systematic Reviews* 2017.

Ewa A. Miendlarzewska und Wiebke J. Trost: »How Musical Training affects Cognitive Development: Rhythm, Reward and other Modulating Variables«, in: *Frontiers in Neuroscience* 7 (2014).

Steven Mithen: *The Singing Neanderthals: The Origins of Music, Language, Mind, and Body*, Harvard University Press, Cambridge, MA 2007.

Aniruddh D. Patel: *Music, Language, and the Brain*, Oxford University Press, Oxford 2010.

Aniruddh D. Patel: »Why would Musical Training Benefit the Neural Encoding of Speech? The OPERA Hypothesis«, in: *Frontiers in Psychology* 2 (2011).

Isabelle Peretz und Robert J. Zatorre: *The Cognitive Neuroscience of Music*, Oxford University Press, Oxford 2003.

Isabelle Peretz et al.: *Without it no Music: Cognition, Biology and Evolution of Musicality*, The Royal Society Publishing, Philosophical Transactions B, London 2015.

Patrice Pinet: *Les musiciens, la maladie et la médecine: de Guillaume de Machaut à Béla Bartók*, L'Harmattan, Paris 2017.

Platon: *Der Staat*, übersetzt von Gernot Krapinger, Reclam, Ditzingen 2017.

Florence Raulin Cerceau: *La recherche de vie extraterrestre*, Uppr, Toulouse 2016.

Oliver Sacks: *Der einarmige Pianist. Über Musik und das Gehirn*, übersetzt von Hainer Kober, Rowohlt, Reinbek bei Hamburg 2008.

Carl Sagan: *Contact*, übersetzt von Meike Werner, Droemer Knaur, München 1986.

Carl Sagan: *Unser Kosmos – Eine Reise durch das Weltall,* übersetzt von Siglinde Summerer und Gerda Kurz, Droemer Knaur, München 1989.

Sally Satel und Scott O. Lilienfeld: *Brainwashed: The Seductive Appeal of Mindless Neuroscience,* Basic Books, New York 2015.

Pierre Schaeffer: *Traité des objets musicaux,* Du Seuil, Paris 1966.

Pierre Schaeffer: *À la recherche d'une musique concrète,* Du Seuil, Paris 1952.

Dylan van der Schyff und Andrea Schiavio: »Evolutionary Musicology Meets Embodies Cognition: Biocultural Coevolution and the Enactive Origins of Human Musicality«, in: *Frontiers in Neuroscience* 11 (2017).

Michelle Self: *Extraordinary Gifts, Unique Challenges: Williams Syndrome,* CreateSpace, North Charleston 2014.

Daniel Tammet: *Elf ist freundlich und Fünf ist laut. Ein genialer Autist erklärt seine Welt,* übersetzt von Maren Klostermann, Heyne, München 2008.

Gary Tomlinson: *A Million Years of Music: The Emergence of Human Modernity,* Zone Books, Brooklyn 2015.

Guylaine Vaillancourt: *Musique, musicothérapie et développement de l'enfant,* De l'Hôpital Sainte-Justine, Montréal 2005.

Laurent Vergnon: *L'audition dans le chaos,* Masson, Paris 2008.

Robert J. Zatorre und Valorie N. Salimpoor: »From Perception to Pleasure: Music and its Neural Substrates«, in: *Proceedings of the National Academy of Science* 110/Supplement 2 (2013), S. 10430–10437.

Bilder

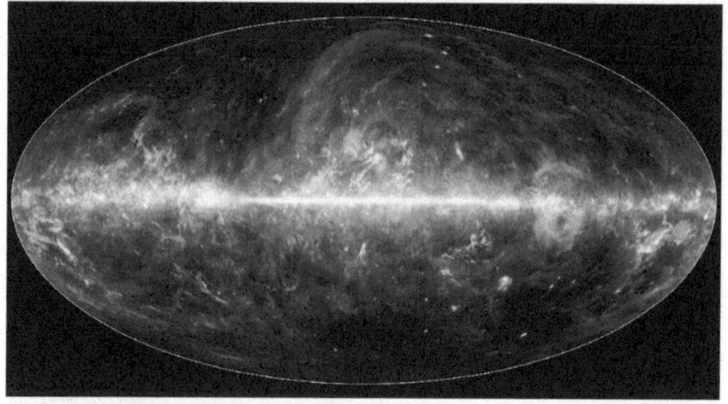

Das Universum 380 000 Jahre nach dem Big Bang. Eine Welt, die in der Stille, ohne Schall, entstand. Die Aufnahme stammt vom Planck-Weltraumteleskop.

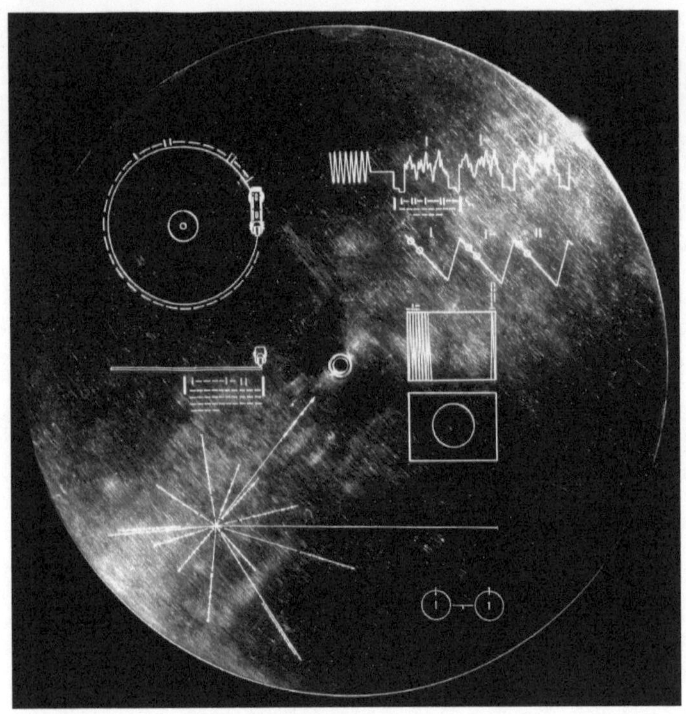

Die *Goldene Schallplatte,* die sich an Bord der Sonden *Voyager 1* und *Voyager 2* befindet. Die Platten mit den bedeutendsten Musikaufnahmen der Menschheit haben unser Sonnensystem inzwischen verlassen.

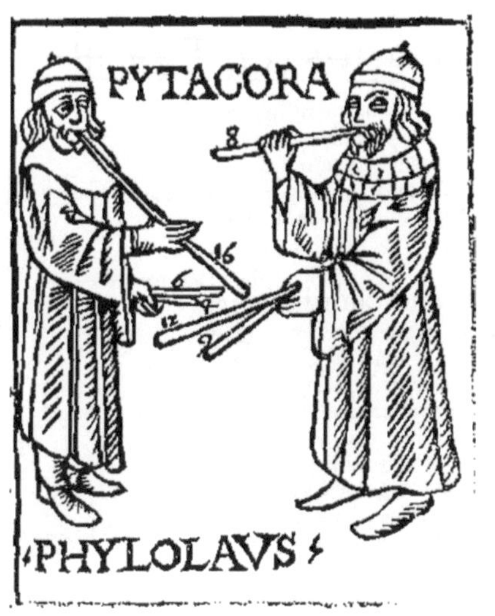

Pythagoras sah die Musik als Wissenschaft im Herzen der Erforschung des Universums. Er maß die mathematischen Verhältnisse zwischen der Länge einer vibrierenden Saite, der Länge einer Luftsäule und der Größe eines Schlaginstruments. Auf diese Weise bestimmte er die Noten der Tonleiter. Seine Methode, um Instrumente zu stimmen, wurde bis zum ausgehenden Mittelalter angewendet. Die Gravur zeigt ihn beim Experimentieren mit unterschiedlich langen Flöten. (Auszug aus *Theoricum opus musicae disciplinae* von Franchino Gaffurio, 1492)

HARMONICIS LIB. IIII. 27

CAp. II.

prà pro numeratore, & unitas infrà pro denominatore: deinde uterq; numerus ſeorſim ponitur ſuprà, & ſumma utriuſq; utrinq; infrà; ut ex una qualibet fractione duo oriantur rami, couſq; dum ex ſumma fiat numerus index figuræ indemonſtrabilis.

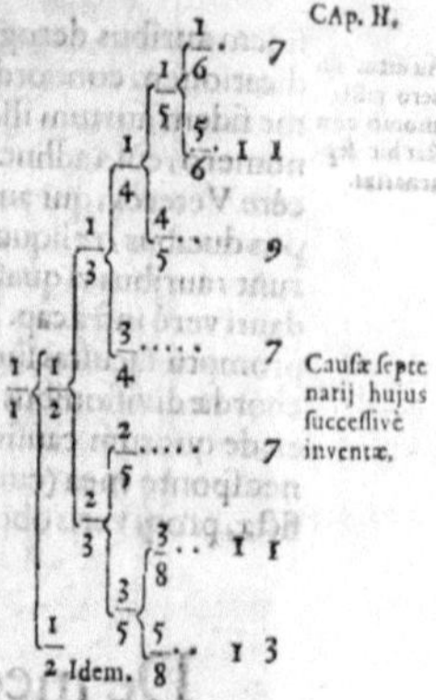

Has ſectiones chordæ ſeptem primùm auditu indice inveni, totidem nempe, quot ſunt Harmoniæ non majores unâ Diapaſon: poſtea cauſas & ſectionum ſingularum, & univerſarum Numeri, non ſine labore ex penitiſſimis Geometriæ fontibus erui. Legat curioſus lector, quæ de his ſectionibus ante annos 22. ſcripſi in Myſterio Coſmographico, Capite XII. & perpendat, quomodo fuerim illo loco hallucinatus, ſuper cauſis ſectionum & Harmoniarum; perperam niſus

Cauſæ ſeptenarij hujus ſucceſſivè inventæ.

Eine Seite aus *Harmonices mundi* von Johannes Kepler. Der Astronom und Autor verknüpfte die Frequenz der planetaren Umlaufbahnen mit Notenverhältnissen. Er behauptete, dass die musikalische Harmonie als Kreation des Menschen eine universelle Mathematik widerspiegele und dass die Erde der Harmonie der Gestirne unterliege. Daraus ergäben sich natürliche Obertöne und einfache Notenintervalle, die den Menschen mit der Natur verbänden.

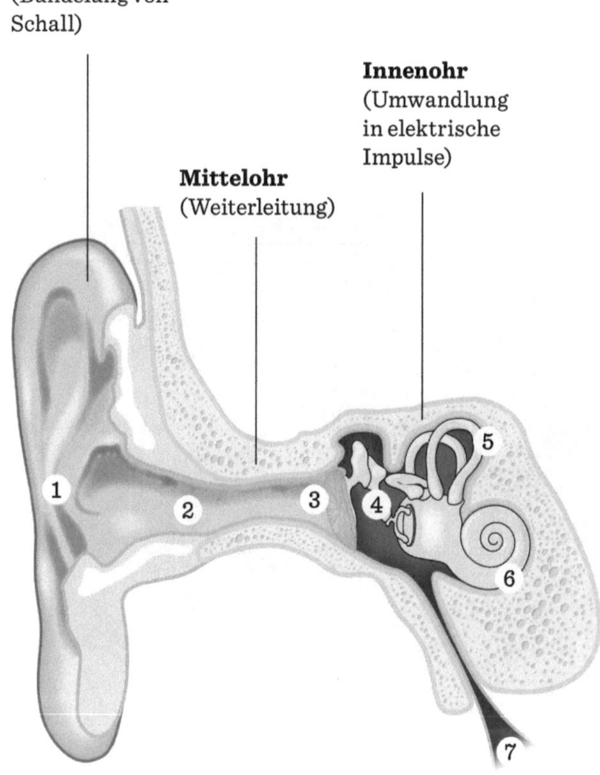

1 **Ohrmuschel**
2 **Gehörgang**
3 **Trommelfell**
4 **Gehörknöchelchen** (Hammer, Amboss und Steigbügel)
5 **Bogengang**
6 **Gehörschnecke**
7 **Eustachi-Röhre**

Außen-, Mittel- und Innenohr bilden ein überaus komplexes Organ. Dort beginnt die Reise von Musik und Geräuschen, die über den Hörnerv bis ins Gehirn führt.

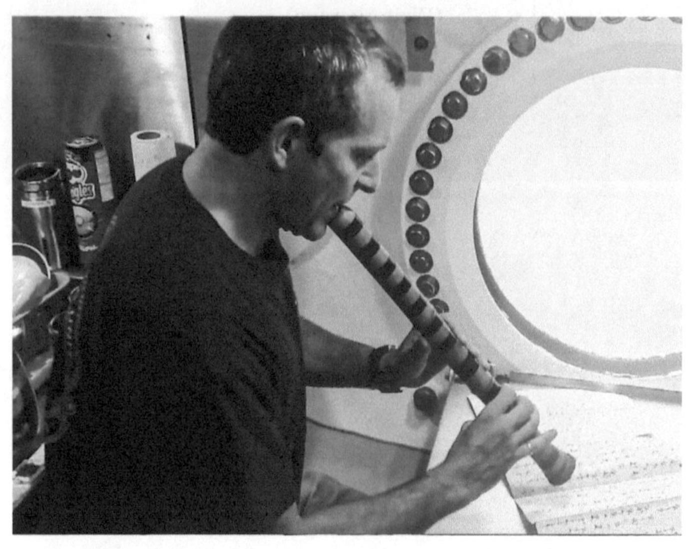

Der kanadische Astronaut David Saint-Jacques spielt im Oktober 2011 auf der Unterwasser-Raumstation NEEMO 15 die Shakuhachi-Flöte.

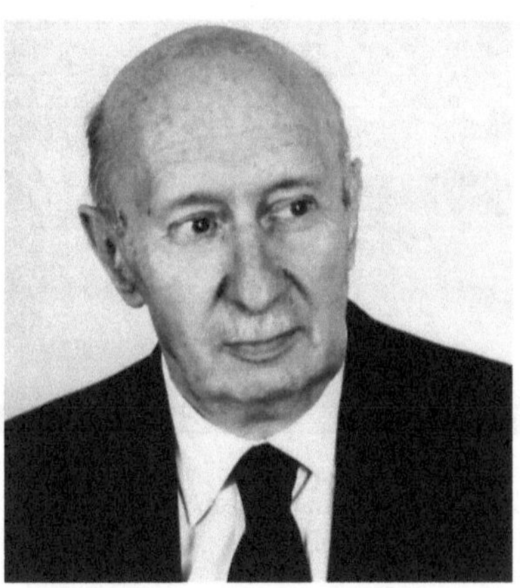

Vor und während des Zweiten Weltkriegs arbeitete Georg von Békésy für die ungarische Postgesellschaft, wo er die Qualität der Telekommunikationssignale erforschte. Gleichzeitig interessierte er sich auch für das menschliche Ohr, denn der Zustand des Ohrs bestimmt, wie gut das Audiosignal wahrgenommen wird.

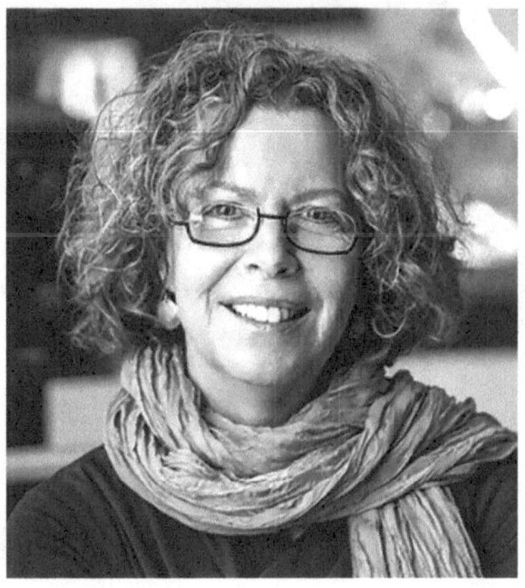

Die Montréaler Neuropsychologin Isabelle Peretz, Mitgründerin des International Laboratory für Brain, Music, and Sound Research BRAMS an der Université de Montréal und der McGill University. Sie genießt für ihre Erforschung der Amusie große Anerkennung.

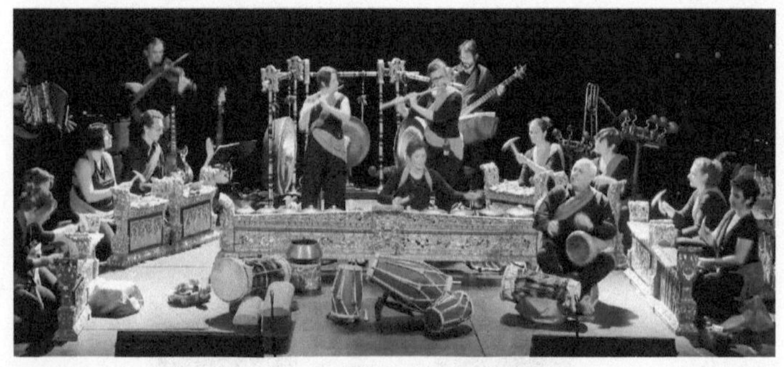

Ein balinesisches Gamelan bei der Arbeit: die Compagnie KOTEKAN aus Frankreich.

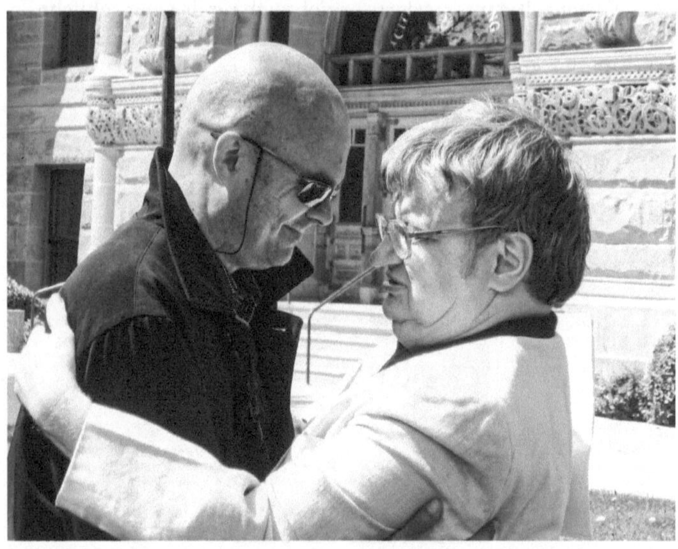

Michel Rochon zusammen mit Kim Peek, der das Savant-Syndrom hat und zur Hauptfigur im Film *Rain Man* inspirierte.

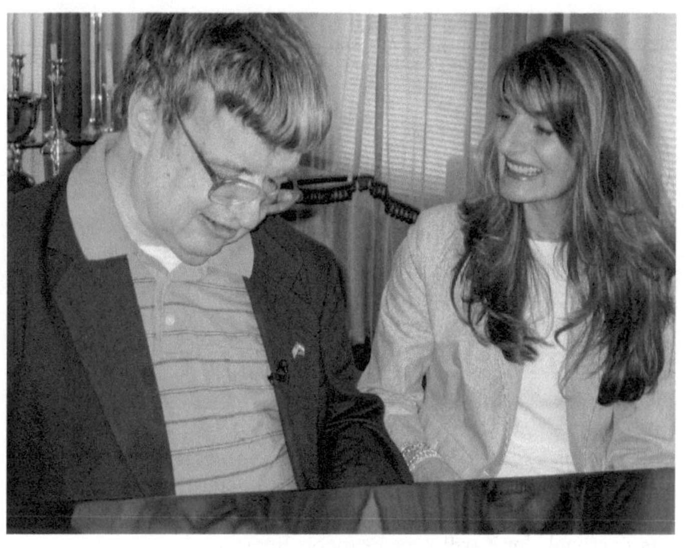

Rechts am Klavier April Greenan, Musikerin, Sopranistin und Musikhistorikerin. Sie war es, die auf Kim Peek, links im Bild, und sein verborgenes großes musikalisches Talent aufmerksam geworden ist.

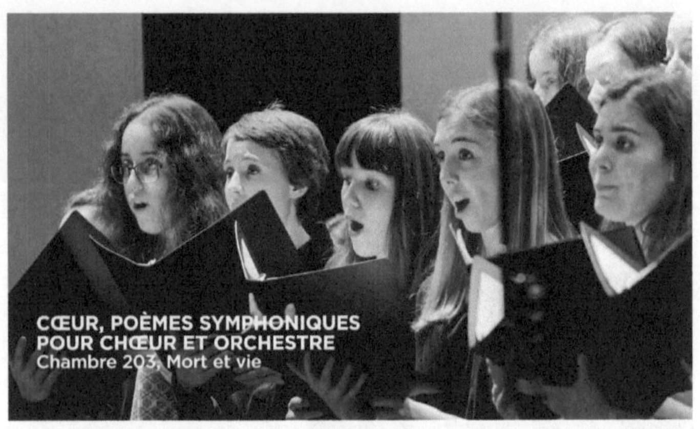

Cœur, poèmes symphoniques pour chœur et orchestre ist ein Stück, das Arrhythmien des Herzens musikalisch darstellt. Die Musik lieferte der Komponist Gilles Bellemare, das Textbuch der Kardiologe François Reeves.

Das »musikalische Gehirn« und seine Funktionen:

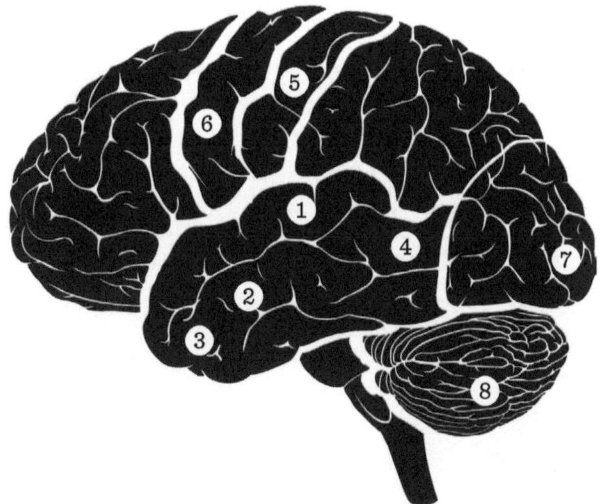

1 **Auditiver Kortex**: Hier erfolgt die erste Etappe der Wahrnehmung und Analyse der einzelnen Musikkomponenten.

2 **Amygdala**: Eine Region im limbischen System – im Inneren des Gehirns –, die an der emotionalen Wahrnehmung von Musik beteiligt ist. Sie wird auch mit Motivation, Belohnung und Gefühlen in Verbindung gebracht.

3 **Nucleus accumbens**: Eine weitere wichtige Region im limbischen System für die emotionale Wahrnehmung von Musik.

4 **Hippocampus**: Befindet sich im Inneren des Gehirns und ist grundlegend für die Erinnerung an die Musikwahrnehmung und deren Kontext.

5 **Sensorischer Kortex**: Dieser Teil des Kortex verantwortet das sensorische und taktile Feedback, wenn wir ein Instrument spielen.

6 **Motorischer Kortex**: Diese Region verantwortet die Bewegungen, wenn wir ein Instrument spielen.

7 **Visueller Kortex**: In dieser Region werden die Noten entschlüsselt, die wir auf einem Notenblatt lesen.

8 **Kleinhirn**: Es koordiniert unsere Bewegungen, wenn wir musizieren, und bringt Gefühle hervor, wenn wir Musik hören.

Endnoten

1 Henry Miller: *To Paint Is to Love Again: Henry Miller on Art and Why Good Friends Are Essential for Creative Work*, Cambria Books, Alhambra 1960.

2 Jean-Noël Beuzen (Psychiater und Musiker): *La Musique, entre génie créateur et vertu thérapeutique*, Odile Jacob, Paris 2015.

3 Charles Darwin: *Die Abstammung des Menschen*, übersetzt von Heinrich Schmidt, Alfred Kröner Verlag, Stuttgart 2002, S. 109.

4 Michel Serres (Philosoph): *Musik*, übersetzt von Elisa Barth und Alexandre Plank, Merve Verlag, Berlin 2015, S. 99.

5 Édouard Herriot (Politiker und Autor): *Notes et maximes: inédits*, Hachette, Paris 1961.

6 Marcel Proust: *Auf der Suche nach der verlorenen Zeit – Band 5: Die Gefangene*, übersetzt von Bernd-Jürgen Fischer, Reclam, Stuttgart 2015, S. 451.

7 Patrick L'Échevin (Arzt und Musiker): *Musique et médecine*, Stock Musique, Paris 1981, S. 197.

8 Ebd.

9 Boris Cyrulnik (Neuropsychiater): »Anthropologie naturaliste de la musique: effet de résilience«, in: *Antoine Lejeune und Claire Maury-Rouan: Résilience, vieillissement et maladie d'Alzheimer*, Solal, Marseille 2007, S. 107.

10 Jean-Christophe Grangé: *Der steinerne Kreis*, übersetzt von Barbara Schaden, Bastei Lübbe, Köln 2015, S. 289.Edb.

11 Milan Kundera: *Die Kunst des Romans*, übersetzt von Uli Aumüller, Fischer Taschenbuch, Frankfurt am Main 2014, S. 89.

12 Herbjørg Wassmo: *Das Buch Dina*, übersetzt von Ingrid Sack, List, München 1992, S. 47.

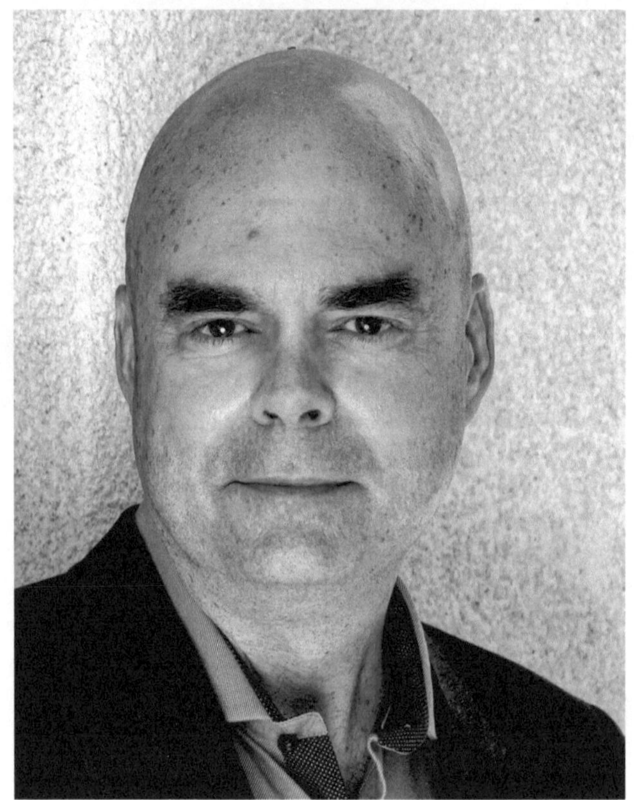
© Joe Cancilla

Michel Rochon ist ein kanadischer Wissenschafts- und Medizinjournalist, Autor, Kolumnist, Dozent, Komponist und Pianist. Er wurde 1959 in Sorel, Québec, geboren. Von Mitte der 1980er-Jahre bis 2017 war er als Journalist bei Radio-Canada tätig. In den 2000er-Jahren bildete er sich am Massachusetts Institute of Technology (MIT) im Bereich Neurowissenschaft (2008) weiter. Er ist als Redner, Moderator, Entertainer und Ausbilder in Kanada und im Ausland tätig.

Michel Rochon unterrichtet heute an der École des Médias der Université du Québec à Montréal (UQAM) als Dozent für Fernsehjournalismus. Er veröffentlichte seinen ersten Essay, *Le cerveau et la musique*, bei Éditions MultiMondes (2018). Das Buch war Finalist beim Hubert-Reeves-Preis (2019) und bei den Opus-Preisen des Conseil Québécois de la Musique (2018–2019).

Michel Rochons zweiter Essay, *L'amour, la haine et le cerveau*, erschien bei Éditions MultiMondes (2020).